世界一観客の集まるサッカーリーグ

ブンデスリーガ
BUNDESLIGA 事情通読本

〝ミスター・ブンデスリーガ〟 鈴木良平

東邦出版

10-11 シーズンのブンデスリーガ公式サイト前半戦ＭＶＰを獲得したボルシア・ドルトムントの香川真司

バイエルン・ミュンヘンが試合をする日の夜になると真っ赤にライトアップされるアリアンツ・アレナ

同じミュンヘンの 1860 ミュンヘンが試合をする日の夜はブルーに染まるという工夫も施されている

現在バイエルン・ミュンヘンの顔となっているＭＦバスティアン・シュヴァインシュタイガー

筆者のドイツ時代の友人のひとりである現バイヤー・レヴァークーゼン監督のユップ・ハインケス

1．ＦＣケルンの会長職を無給で務めるなどクラブの象徴的存在であるヴォルフガング・オヴェラート

Reebok

BORUSSIA

Gaffel
Kölsch

PSD Bank Köln

EXPRESS | express.de | expressTV

En unsem Veedel hält mer
zosamme, egal, wat och passeet

02-03 にハンブルガー SV に移籍を果たした高原直泰の活躍ぶりを伝える現地メディア

長谷部誠はＶｆＬヴォルフスブルク移籍翌シーズンにクラブ史上初となるブンデスリーガ優勝を経験

エジル、ケディラら 2010 年南アフリカワールドカップで 3 位という成績を残したドイツ代表

ミュラー（左写真・左)、クロース（同・右)、グロスクロイツ（右上写真・左)、ゲッツェ（同・右)、スヴェン・ベンダー（右下写真・左)、ラース・ベンダー（同・右）などドイツには期待の若手がひしめく

■ブンデスリーガ 概要（10-11 シーズン時点）

1 部　ブンデスリーガ1部

プロ 18 チームで構成。ＤＦＬ（ドイツサッカーリーグ）が管轄。１部１位と２位は翌シーズンのＵＥＦＡチャンピオンズリーグ本戦に出場。３位はチャンピオンズリーグのプレーオフに出場。１部４位と５位、ドイツカップ優勝チームは翌シーズンのＵＥＦＡヨーロッパリーグ本戦に出場。

【開催時期】８月～５月（12 月～１月の４週間はウィンターブレイク）

2 部　ブンデスリーガ2部

プロ 18 チームで構成。ＤＦＬが管轄。

3 部　ドリッテ・リーガ（3.Liga）

プロ 20 チームで構成。ＤＦＢ（ドイツサッカー協会）が管轄。

4 部　レギオナルリーガ

アマチュア 18 チームで構成される北部･南部･西部の３リーグ（計 54 チーム）。

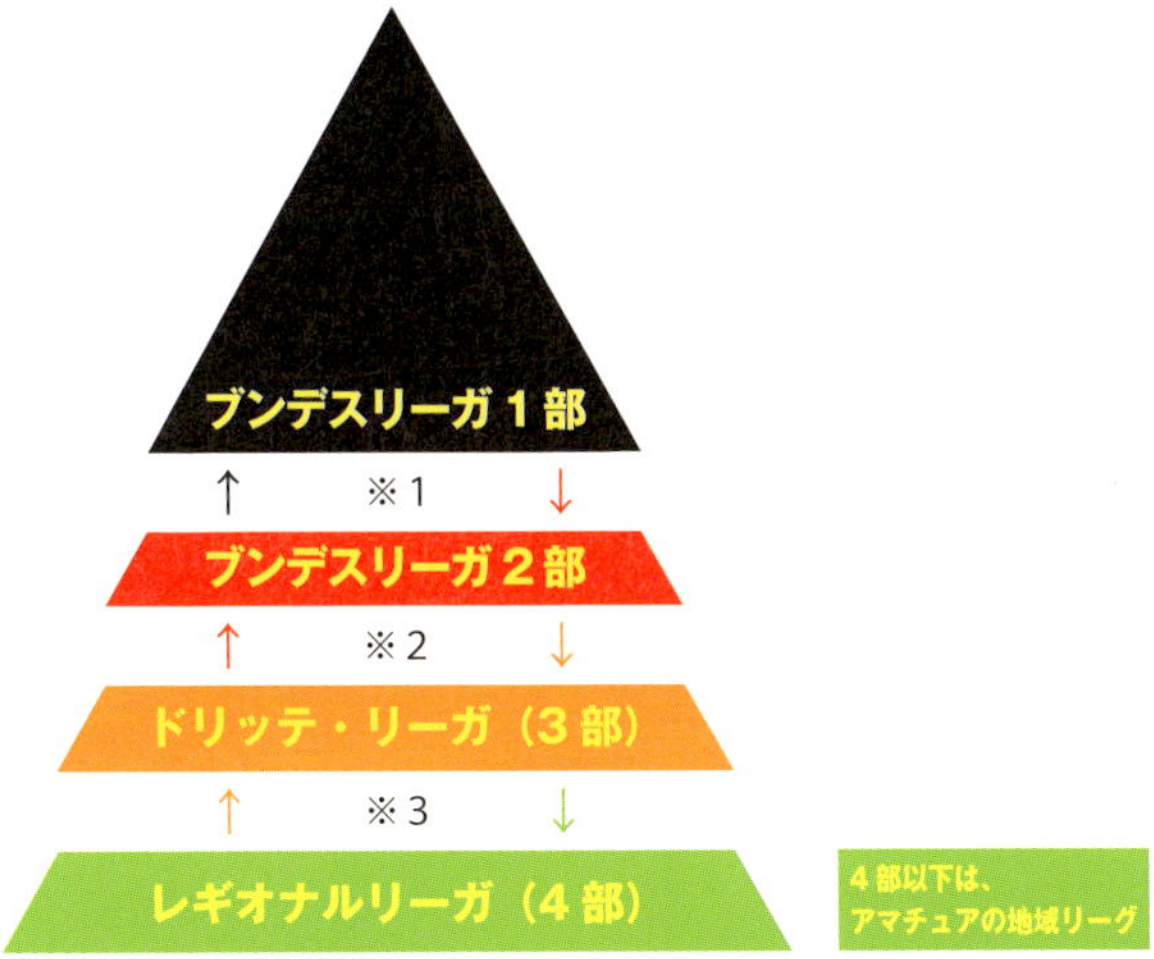

※１：１部下位２チームは自動降格、２部上位２チームが自動昇格。
１部 16 位と２部３位はホーム・アンド・アウェイのプレーオフによって決定。
※２：２部下位２チームは自動降格、３部上位２チームが自動昇格。
２部 16 位と３部３位はホーム・アンド・アウェイのプレーオフによって決定。
※３：３部下位３チームは自動降格、
レギオナルリーガ上位３チーム（北部、南部、西部の各リーグ１位）が自動昇格。

■ブンデスリーガ クラブ紹介

【ブンデスリーガ１部】

バイエルン・ミュンヘン
FC Bayern München

シャルケ 04
FC Schalke 04

ヴェルダー・ブレーメン
Werder Bremen

バイヤー・レヴァークーゼン
Bayer Leverkusen

ボルシア・ドルトムント
Borussia Dortmund

VfB シュトゥットガルト
VfB Stuttgart

ハンブルガー SV
Hamburger SV

VfLヴォルフスブルク
VfL Wolfsburg

1.FSV マインツ 05
1. FSV Mainz 05

アイントラハト・フランクフルト
Eintracht Frankfurt

TSG1899 ホッフェンハイム
TSG 1899 Hoffenheim

ボルシア・メンヘングラートバッハ
Borussia Mönchengladbach

1.FC ケルン
1. FC Köln

SC フライブルク
SC Freiburg

ハノーファー 96
Hannover 96

1.FC ニュルンベルク
1.FC Nürnberg

1.FC カイザースラウテルン
1.FC Kaiserslautern

FC ザンクト・パウリー
FC St. Pauli

【ブンデスリーガ２部】

VfL ボーフム
VfL Bochum

ヘルタ BSC ベルリン
Hertha BSC Berlin

FC アウグスブルク
FC Augsburg

フォルトゥナ・デュッセルドルフ
Düsseldorfer TuS Fortuna 1895

ＳＣパダボルン 07
SC Paderborn 07

MSV デュイスブルク
MSV Duisburg

DSC アルミニア・ビーレフェルト
DSC Arminia Bielefeld

TSV1860 ミュンヘン
TSV München 1860

FC エネルギー・コットブス
FC Energie Cottbus

カールスルーエＳＣ
Karlsruher SC

グロイター・フュルト
SpVgg Greuther Furth

1.FC ウニオン・ベルリン
1. FC Union Berlin

アレマニア・アーヘン
Alemannia Aachen

ロートヴァイス・オーバーハウゼン
SC Rot-Weiβ Oberhausen

FSV フランクフルト
FSV Frankfurt

VfL オスナブリュック
VfL Osnabrück

FC エルツゲビルゲ・アウエ
FC Erzgebirge Aue

FC インゴルシュタット 04
FC Ingolstadt 04

※上記地図のクラブチーム名には略称を使用（例：ハンブルガーＳＶ→ハンブルグ）
黒文字はブンデスリーガ１部所属クラブ。茶文字はブンデスリーガ２部所属クラブ。

■「kicker」誌の読み方

ドイツ最大のスポーツ雑誌「キッカー（kicker）」誌の「最低限これだけ覚えておけば大丈夫！」という読み方をご紹介します。

【選手の評価点の見方】

A
1…………スーパー
2…………非常に良い
3…………良い
3.5………平均点
4…………まあまあ
5…………悪い
6…………お金を払う価値なし

【表記の読み方】

B
Eingewechselt ＝交代選手
Reservebank ＝ベンチ（不出場）
Tore ＝得点
Chancen ＝チャンスの数
Ecken ＝コーナー
SR-Team ＝レフェリーチーム（主審、副審、第４審判）
Zuschauer ＝観衆（有料）
Gelbe karten ＝イエローカード
Gelb-Rote karte ＝イエロー２枚で退場
Rote karten ＝レッドカード（一発退場）
Spielnote ＝ゲームの評価点
Vorarbeit ＝アシスト
Rechtsschuss ＝右足シュート
Linksschuss ＝左足シュート
Koptball ＝ヘディング

C
SPIELER DES SPIELS ＝マン・オブ・ザ・マッチ

D
Durchschnitts-Note ＝平均点
Durchschnitts-Alter ＝平均年齢
Abseits ＝オフサイドの数
Fouls ＝ファールの数
Gewonnene Zweikämpfe ＝１対１の勝率
Ballbesitz ＝ボールポゼッション
Meiste Ballkontakte ＝ボールを一番触った選手（数字はボールタッチ数）

22 BUNDESLIGA kicker, 20.

FC Schalke 04 – Borussia Dortmund **1:3** (0:1)

Eingewechselt: 46. Edu (4) für Deac, 66. Matip (–) für Sarpei – 46. Blaszczykowski (2) für Götze, 74. Lewandowski (–) für Kagawa, 81. Piszczek (–) für Barrios – **Reservebank**: Schober (Tor), Jones, Jurado, Schmitz, Jendrisek – Langerak (Tor), Felipe Santana, da Silva, Feulner

Tore: 0:1 Kagawa (19., Linksschuss, Vorarbeit Götze), 0:2 Kagawa (58., Linksschuss, Blaszczykowski), 0:3 Lewandowski (86., Kopfball, Sahin), 1:3 Huntelaar (89., Linksschuss, Moritz) – **Chancen:** 2:13 – **Ecken:** 3:9

SR-Team: Gräfe (Berlin – Assistenten: Häcker, Dankert – Vierter Offizieller: Winkmann), Note 1,5, sehr souverän, sorgte dafür, dass das zuvor als hitzig eingestufte Derby in geordneten Bahnen verlief. – **Zuschauer:** 60 069 – **Gelbe Karten:** Owomoyela, Kagawa, Weidenfeller – **Gelb-Rote Karte:** Plestan (61.) – **Spielnote:** 1,5, eine einseitige, aber dank des BVB-Feuerwerks phasenweise mitreißende Partie.

kicker-ANALYSE Es berichten Oliver Bitter, Thomas Hennecke und Thiemo Müller

Dortmund: Lehrstunde für den Nachbarn

Die selbstbewussten Dortmunder – mit der Startelf, die auch am Donnerstag beim 4:3 in Lwiw begonnen hatte – spielten phasenweise wie aus einem Guss und die verunsicherten Schalker förmlich an die Wand. Mit dem Doppeltorschützen Kagawa als Schwungrad schaltete der BVB schnell um und kombinierte sicher und zielstrebig. Dem hatten die planlos und konfus wirkenden Gastgeber – im Vergleich zum 0:1 am Dienstag in Lyon begann Kluge für Jones – nichts entgegenzusetzen, Kluge und Rakitic im Mittelfeld waren heillos überfordert. Die Mannschaft bekam allenfalls zu Beginn der zweiten Halbzeit Zugriff auf diese Partie, produzierte viele Fehlpässe, war auch in der Defensivarbeit oft nicht im Bilde und hatte sogar noch Glück, dass die Niederlage angesichts dreier Dortmunder Lattentreffer (Subotic, Großkreutz und Sahin) nicht noch höher ausfiel.

FAZIT: Wie entfesselte Dortmunder erteilten den völlig überforderten Schalkern eine Lehrstunde.

SPIELER DES SPIELS

Shinji Kagawa

Dreh- und Angelpunkt der überragenden Dortmunder. Der 21 Jahre junge Japaner spielte wie aufgedreht, war nicht zu bremsen und stellte mit zwei Treffern die Weichen für den BVB frühzeitig auf Sieg.

kicker-Spielcheck	Schalke	Dortmund
Durchschnitts-Note	4,5	2,2
Durchschnitts-Alter	26,3	23,6
Abseits	4	3
Fouls	15	13
Gewonnene Zweikämpfe	47 % (99)	53 % (110)
Ballbesitz	56 %	44 %
Meiste Ballkontakte	118 Rakitic	71 Owomoyela

DORTMUND: Eine Demonstration v

Dieser Kagawa i

W Jürgen Klopp (43) nach- arum ausgerechnet ndowski (21), die mit n Euro teuerste Neu- ng der Borussia, bisher noch keine große Rolle spielte, wurd vom Dortmunder Trainer auf ei en anderen Neuzugang verwiese : „Weil Shinji Kagawa sensatione gut spielt." Der Japaner – mit nur 35 000 Euro für ein „Trinkgeld" ins R hrgebiet gekommen – legte einen Raketenstart in der für ihn Welt hin.

Und seit gestern Abend wird ihn selbst elix Magath (57) kennen, der den N men des Feinost-Bombers im V ab-Interview bei Sky nicht pa e: Kagawa ließ seinem ers- igator gegen Wolfsburg ntag gleich das zweite gen. Auf Schalke. Beim alen. Im Kohlenpott-Derby auf das Teamkollege Kevin Großkreutz (22) seinen neuen Kolleg n besonders heiß gemacht ener Großkreutz übrigens, den Magath ungewohnt fahrig als „ reutz" ankündigte.

Ab zurück zu Kagawa, der in einem prächtig funktionierenden, extrem spielstarken und abschlussfreudi en Dortmunder Ensemble die tu mhohe Überlegenheit der Gäste mit seinen Treffern auch mani stierte. Damit triumphierte

die Borussia e
dem 14. Mai 20
kirchen. Klopp
Anlauf sein erst
ersten Mal ein d
Magath (vorhe
den, fünf Nied
Team nach de
Trip in die Ukra
Müdigkeit zeigt
entfesselt aufs
Lattentreffern (S
Sahin) sogar noc
zenfest versäur
Trainer vermutl
sen. „Die Mann
ragend gemach
sensationell", st
ein Festtag für i
für die Fans. Si
Nummer 1 im F
Schon am 2
BVB von Schie
Gräfe benacht
Schalke unglücl
lag, hatte Klop
digt, dass er ein
„die hier gewi
Elf lieferte am
perfektes Spie
eine Ahnung n
der jungen Bo
Freitagnachmit
dass etwas Denk
könne. Klopp sa
Weg gefunden,

SCHALKE: Kein Plan auf der Zehner-

urado wird zum Ä

end in allen Mann- n – so präsentierte sich der F Schalke am Sonntag. Der von B ss Felix Magath (57) geplante Umbr ch hin zu mehr Spielkultur steckt offensichtlich in der Sackgasse. Und als eines der größten Ärger sse muss da gewertet werden, ss ausgerechnet der Mann wiede 90 Minuten auf der Bank schm te, der doch den spielerischen Aufschwung maßgeblich gewäh leisten sollte: José Manuel (24), Ende August noch für sündhaft teure 13 Millionen Euro letico Madrid verpflichtet.

s Begründung: Der uner- elmacher könne erst griert werden, wenn nschaft stabilisiert unter diesen Voraussetz en muss der Spanier angesi seiner Ablösesumme bis auf

weiteres als kras
ten. Denn: Tale
Sicht weiterbri
schon vorher ge
Baumjohann (2
einen Zick-Zack
der Startelf (geg
Joker (in Hoffe
nicht mehr im
mund). Oder Ci
nun zweimal in
und jeweils als
Ein stimmige
was die Zehner-
also nicht zu e
umso schmerzh
ohne einen wir
macher auch die
Jan Huntelaar (
erst Recht nicht
men können. Ei
Magath ihn durc
aktuell immer r

著者プロフィール

鈴木良平（すずき・りょうへい）

1949年6月12日生まれ、東京都出身。東海大在学中からFIFAコーチングスクールや日本代表合宿の手伝いを行い、卒業後の1973年、当時三菱重工監督だった二宮寛氏の紹介でドイツにコーチ留学。名門ボルシア・メンヘングラートバッハに帯同し、名将ヘネス・ヴァイスヴァイラー監督の下で指導者としての修行を積んだ。同時にドイツ語学校とケルン体育大学に通い、1974年にＤＦＢ（ドイツサッカー協会）公認Ｂ級ライセンス、同年暮れにＡ級ライセンス、そして翌1975年には26歳の若さでブンデスリーガの監督資格であるＳ級ライセンスを取得した。同年10月に帰国。三菱養和スクールや日本ユース代表などでコーチを務めると、1984年に再び渡独。アルミニア・ビーレフェルトのコーチ契約のためのテストに合格し、84－85シーズンからの契約を結ぶ。同シーズンにビーレフェルトを率いた監督のゲルト・ロゲンザックがＳ級ライセンスを持っていなかったため、代理としてベンチに座って共に指揮を執った。帰国後は女子サッカーの発展に尽力し、1985年から日本女子代表監督、1989年からはＬ・リーグ日興證券ドリームレディース監督を歴任。1996年に再びドイツに渡り、1. ＦＣケルン、レヴァークーゼンに帯同。帰国後、1998年にアビスパ福岡のヘッドコーチを務めた。現在はスカパー！やＪスポーツを中心に解説者として多方面で活躍している。

構成者プロフィール

中山淳（なかやま・あつし）

1970年生まれ。山梨県甲府市出身。1993年よりサッカー専門誌「ワールドサッカーグラフィック」編集部に入り、編集長を経て2005年に独立。各誌に執筆するほか、ＣＳ放送に出演。現在は、雑誌、書籍、ＷＥＢなどを制作する有限会社アルマンド代表。著書に「助っ人外国人が本音で語る　良い日本サッカーもっと良くなる日本サッカー」（東邦出版）、「Ｊクラブ歴代ユニフォーム完全カタログ／東・西日本編」、「ワールドサッカー・スーパースターユニフォーム読本」（エイ出版）。知る人ぞ知るサッカーコアマガジン「フットボールライフ・ゼロ（http://www.footballlife.jp)」の発行人。

本書に登場する写真の一部は著者と構成者が撮影したものです。

Inhalt

目次

ブンデスリーガは、私の考えでは、世界で最高のリーグだと思っている。

なぜなら、ここには、もっとも美しいスタジアムがあり、もっとも多くのファンがいる。そして、ここには若いプレーヤーが多くいる。また、最近では、ヨーロッパのトッププレーヤーもブンデスリーガにやってくるようになった。

ドイツのサッカーは特別ともいえる地位を確立している。しっかりとした骨組みが作られており、財政面でうまく統制がとられている。このような点でもドイツはうまくやっている。

こういうことなどを考慮すると、ブンデスリーガは最高のリーグだと思う。


――――ヴォルフガング・オヴェラート（1.FC ケルン会長）

1.Spieltag

第1章

今、ブンデスリーガが熱い！

今、日本でもブンデスリーガの注目度が急上昇

ブンデスリーガと聞いて、みなさんはどんな印象をお持ちでしょうか?

たとえば50代以上のオールドファンの方なら、ブンデスリーガは60年代後半からテレビ東京が放送していたサッカー番組『ダイヤモンドサッカー』を通して親しんだ、憧れのリーグのひとつだったと思います。しかも当時のドイツサッカーは、〝皇帝〟フランツ・ベッケンバウアーを中心に自国開催(当時は西ドイツ)の1974年ワールドカップで優勝を果たすなど、その実力は世界でも抜きん出た存在でした。その頃、圧倒的な強さを誇っていたバイエルン・ミュンヘンやボルシア・メンヘングラートバッハといった名門クラブに、今も多くの日本のオールドファンが特別な思いを寄せるのも頷けます。

でも、90年代から海外サッカーを見るようになった若いファンの方にとって、ドイツサッカーはあまり格好いい存在とは言えないようです。近年は、メディアで取り上げられるのもイングランド、イタリア、スペインといった華やかな3大リーグが中心。ブンデスリーガの情報は高原直泰の活躍が伝えられた程度で、その影響もあってか、日本では地味なリーグというイメージが植えつけられてしまいました。

ところが、そんなブンデスリーガの日本におけるイメージを大きく変えてくれたのが、10－11シーズンからボルシア・ドルトムントでプレーする香川真司の活躍ぶりでした。

ご存知の通り、２０１０年南アフリカワールドカップ直後にドイツに渡った香川は、そのシーズンの開幕から活躍を続け、あっという間にドイツ国内でその名を知らぬ者がいないほどのスター選手になりました。ドイツ国内におけるそのプレイクぶりは、日本で報道されている以上のレベルで、これは日本人にとっての誇りと言っていいでしょう。

そして、その香川の活躍ぶりは日本の各テレビ局の一般ニュース番組のスポーツコーナーでも取り上げられ、久しぶりに日本でブンデスリーガの存在感が高まってきました。しかも10－11シーズンは、香川とともに内田篤人が名門シャルケ04に、矢野貴章がSCフライブルクに、そして相馬崇も2部のFCエネルギー・コットブスに移籍。内田は右サイドバックとしてスタメンの座を確保し、チャンピオンズリーグではグループリーグ突破に貢献しました。

つまり、2008年からプレーをしているVfLヴォルフスブルクの長谷部誠を含めると、今シーズンは2部も合わせて計5人の日本人選手がブンデスリーガでプレーしているわけです。国籍は違いますが、これにJリーグで成長したチョン・テセ（北朝鮮代表として2010年ワールドカップでプレー）が2部のVfLボーフムでプレーしていることも加えると、元Jリーガーという意味では6人の選手がブンデスリーガでプレーしていることになります。

さらに、彼らの活躍ぶりによってドイツにおける日本人選手の価値は以前よりもずっと高まりました。その証拠に、2011年1月の冬の移籍期間には、新たに3人の日本人がドイツに渡ることとなりました。岡崎慎司はVfBシュトゥットガルト、槙野智章は1FCケルン、そして細貝萌はバイヤー・レヴァークーゼンに移籍。細貝はレヴァークーゼンからブンデスリーガ2部のアウグスブルクへ一旦レンタルされることになりましたが、いずれにしても、わずか半年の間に8人もの日本代表がドイツの地でプレーすることになったわけです。その影響もあって、10－11シーズンは日本におけるブンデスリーガの情報が急増。ファンの関心が高まるきっかけとなった、まさにブンデスリーガ人気のブレイク年と言えるでしょう。

確かに過去を紐解けば、70年代から80年代にかけては奥寺康彦や尾崎加寿夫が、そして2000年以降は高原、小野伸二、稲本潤一、大久保嘉人といった日本人選手が活躍するなど、ブンデスリーガは日本人にとって特別縁の深いリーグではありました。彼らの活躍と功績については第3章で詳

18. November 2010 BUNDESLIGA 23

lt ist doch so klein. Erst
die des Fußballs. Aber wer
schon vor der laufenden
hnen, dass Borussia Dort-
h mit Shinji Kagawa einen
Güteklasse A geangelt hat?
Spieltagen staunt nicht nur
desliga über den Bonsai-
aus Japan. Er ist einer, den
kaum einer so richtig auf
el hatte.
enn auch? Schließlich war
pans WM-Coach Takeshi
nicht unbedingt von den
iten des offensiven Mit-
ielers überzeugt. Kagawa
nicht zu den 23 Auserwähl-
dafrika, immerhin gönnte
japanische Verband einen
perkurs" am Kap – Kagawa

dir den Jungen mal an,
ezo ist ein Guter."

nit einer Handvoll Talente
pons Team trainieren.
das ist Vergangenheit.
lenn unter dem Nachfolger
da, dem Italiener Alberto
oni, ist Kagawa inzwischen
Gehört längst zum festen
l des Neuaufbaus beim
hen Team. Kein Wunder,
ch hat der Dortmunder die
ga im Sturm erobert. Sechs
wölf Spielen, Tabellenfüh-
der Borussia. Ein Japaner
ls absoluter Volltreffer in
desliga!
das noch zum Schnäpp-
is von 350 000 Euro, die als
ngs-Entschädigung auf das
on Cerezo Osaka wander-
t hatte der erst 21-jährige
trotz seiner Jugend, trotz
ur 1,72 Meter und nur 63
m in drei Zweitliga-Jahren
erzielt und mit 27 Treffern
für gesorgt, dass der Klub
die J-League aufstieg. Da
deutsche Berater Thomas
hon längst die „Witterung"
mmen. „Schau dir den Jun-
an", erzählt Kroth, der über
im Land der aufgehenden
n Netzwerk aufgebaut hat,
ei Cerezo ein Guter". Der
n nicht von irgendwoher,
weis kam von Naohiro
a (31), ehemaliger Natio-
er, Ex-Bundesligaprofi des
l der Frankfurter Eintracht,
nen bei den Suwon Blue-
Südkorea gelandet.
als im September 2009
omas Kroth, immerhin mit
hrung von 267 Bundesli-
n und einem Länderspiel
ttet, Shinji Kagawa, den
Knipser, vor Ort beobach-

Volle Konzentration, den Ball fest im Visier: Ein typischer Shinji Kagawa im Dress von Borussia Dortmund.

Takaharas Tipp

Der Hinweis kam von NAOHIRA TAKAHARA (31). Inzwischen entpuppte sich Shinji Kagawa in Dortmund zum absoluten Volltreffer unter den Neuzugängen der Bundesliga. Die Bilanz nach 12 Spieltagen.

tet. „Ich glaube, es war Tokio Verdy gegen Cerezo. Was mir imponierte, waren seine Schnelligkeit und Wendigkeit. Und vor allem seine Handlungsschnelligkeit, ein zunehmend entscheidendes Attribut im modernen Fußball", erinnert sich Kroth, der in seiner aktiven Laufbahn unter anderem bei Borussia Dortmund gegen den Ball trat. In der Bundesliga, wo der Berater Kagawa anbot, winkten ein paar Klubs, darunter der 1. FC Köln, dankend ab. Nur Dortmund blieb als ernsthafter Interessent. Zum J-League-Auftakt des Jahres 2010 am 7. März jedenfalls war Thomas Kroth wieder in Japan – diesmal mit einem Borussen-Scout. Aufsteiger Cerezo Osaka mit Shinji Kagawa spielt bei Omiya Ardija, einem Klub aus Saitama, dem Großraum Tokios. Cerezo unterlag damals mit 0:3 – der Eindruck, den Kagawa damals machte, muss die Beobachter dennoch überzeugt haben.

Die Reise nach Japan jedenfalls

TOPS & FLOPS

hat sich für Borussia Dortmund gelohnt. Bis heute auf alle Fälle. Und warum vertraute Cerezo Osaka den Fähigkeiten Kagawas nicht so, dass man ihn wenigstens mit einem langen, lukrativen Vertrag band, um somit eine höhere Ablösesumme zu generieren? „Ein Grund ist", so erklärt Gert Engels (53), deutscher Trainer und Intimkenner der dortigen Szene, „dass hier viel Wert auf Technik und nicht zuletzt Ausdauer gelegt wird. Da rutschen die wieselflinken Leute schon mal durchs Sieb. Zudem sind die Klubs wegen der Wirtschaftskrise und ausbleibender Unterstützung nicht mehr so risiko-freudig und taktieren teilweise sehr vorsichtig."

Zum Glück für Borussia Dortmund. Die Westfalen jedenfalls scheuten das Risiko mit Kagawa nicht. Und wurden bisher belohnt. Mit einem der Juwelen des japanischen Fußballs. „Den wollte ich auch unbedingt holen", gesteht Volker Finke, deutscher Trainer der Urawa Red Diamonds, „ich bin extra per Zug nach Osaka gereist, habe zwei Stunden mit Shinji und seinem Vater gesprochen. Aber der wollte, dass der Sohn nach Europa geht. Da war nichts

Lesen Sie weiter auf Seite 25

以前ブンデスリーガで活躍した高原直泰のコメントを交えて香川真司の活躍を伝えるキッカー誌

しく紹介しますが、それにしても、これほど多くの日本人選手が同時にドイツでプレーするとは、いったい誰が想像したでしょうか。

また、70年代からドイツで指導者修行を積みながらS級ライセンスを取得した私の当時の友人たちは、現在いろいろなブンデスリーガのクラブで要職に就いているので、最近は私がドイツに取材に行くと会う人ごとに必ず「今度来るときは若くて良い日本人選手を連れてきてくれ」と言われるようになりました。

これまで長いこと日本とドイツを往復してきましたが、このような状況は個人的にも非常に感慨深いものがあります。

1963年に産声を上げたドイツ連邦のプロサッカーリーグ

ブンデスリーガとは、連邦リーグという意味のドイツ語にあたり、わかりやすく言うとドイツ全国のリーグ全般を指しています。ですから、ドイツではサッカーのブンデスリーガ（男子、女子）以外にも、バレーボール、バスケットボール、アイスホッケー、ハンドボール、あるいは卓球など、色々なスポーツで使われているドイツ語でもあります。

ただそんな中でも、ドイツ国内で単にブンデスリーガと言えば、やはり一般的には長い歴史と絶大な人気を誇るサッカー（男子）のプロリーグ、とりわけそのトップに君臨する1部リーグのことを指していると考えてまず間違いありません。

その始まりは1963年。つまり63－64シーズンがブンデスリーガ初年度にあたり、初代チャンピオンは槙野が所属している古豪1FCケルンでした。それ以前のドイツでは、地域ごとのリーグチャンピオンが一堂に会してトーナメントで戦うドイツサッカー選手権が行われ、そのシーズンのチャンピオンを決めていました。そして、このブンデスリーガ開幕をきっかけにチームは完全にプロ化され、サッカーの本格的なプロリーグがドイツに誕生することとなったのです。

現在、ブンデスリーガは1部18チーム、2部18チームで構成され、DFL（ドイツサッカーリーグ）が管轄するこのカテゴリーに参加するプロクラブには、ブンデスリーガ・ライセンスの取得が義務付けられています。また、その下にはDFB（ドイツサッカー協会）が管轄するドリッテ・リーガ（3Liga）と呼ばれる3部リーグがあり、こちらはプロクラブ20チームで構成されています（このカテゴリーに参加するための条件はブンデスリーガ1部、2部とは異なる）。ちなみに、1部と2部のプロクラブにはU23で編成するBチーム（試合のときはオーバーエイジ枠3人）を持つことも義務付けられていますが、規定によりBチームが昇格の権利を得たとしてもブンデスリーガ1部と2部には参加できないことになっています。なお、4部リーグから下のカテゴリーはアマチュアの地域リーグとなっていて、たとえばレギオナルリーガと呼ばれる4部リーグは、各18チームで構成される北部リーグ、南部リーグ、西部リーグという3つの地域でリーグ戦が行われています。

ブンデスリーガで優勝したチームには、マイスターシャーレと呼ばれるシルバーの優勝皿が贈られます。08－09シーズンにヴォルフスブルクの長谷部が掲げたことで、すっかり日本でも有名になりました。このマイスターシャーレを見てお気付きの方もいると思いますが、日本のJリーグでも優勝チームにはJリーグ杯と呼ばれる同じタイプの優勝皿が贈られています。Jリーグ創設にあたって、そのお手本としたのがブンデスリーガであることは有名な話ですが、優勝杯ひとつ取ってみてもそれが伺えるというわけです。

なお、巻末データでは歴代優勝チームを一覧表にしていますが、1902年に始まったドイツサッカー選手権時代も含めた歴代優勝回数のトップ5は次のようになっています。

バイエルン・ミュンヘン＝22回

08-09シーズンに所属するヴォルフスブルクがリーグ戦を制し、マイスターシャーレを掲げる長谷部誠

1FCニュルンベルク＝9回
シャルケ04＝7回
ハンブルガーSV＝6回
ボルシア・ドルトムント＝6回

これを見ておわかりのように、やはりドイツ国内においてバイエルンの強さは他を圧倒しています。しかも、バイエルンがドイツサッカー選手権時代に優勝したのは31－32シーズンのわずか1回のみ。残り21回はすべてブンデスリーガ開幕以降のことになります。そういう意味では、バイエルンの歴史がそのままブンデスリーガの歴史だと言っても過言ではないと思います。

世界ナンバーワンの観客動員数を誇るブンデスリーガ

50年近い歴史を持つブンデスリーガですが、他の国と同様に、当然ながら時代によって浮き沈みはあります。

たとえば、ドイツ勢がヨーロッパカップの舞台で興隆した時代もあれば、なかなか勝てない時代もありました。70年代から80年代にかけては、バイエルン、ボルシア・メンヘングラートバッハ、ハンブルガーSVなどが活躍してドイツサッカーがヨーロッパを席巻していた時代もありましたが、80年代後半から下り坂に突入。90年代以降でドイツ勢がヨーロッパチャンピオンになったのは、96－97のボルシア・ドルトムント、00－01のバイエルンだけで、近年はイタリア、スペイン、イングランドといった現在の3大リーグと呼ばれる国々に大きく溝を開けられた格好となっています。

あるいは、ドイツ人だけで構成される代表レベルの舞台に目を移すともっとわかりやすく、とりわけ1996年のユーロ（ヨーロッパ選手権）で優勝してからのドイツサッカーは、まさに暗黒の時代と言われる厳しい時期を過ごしました。そのピークと言えるのが、2000年にオランダとベルギーで共同開催されたユーロで、1勝もできずにグループリーグ敗退の屈辱を味わったことでしょう。常に国際舞台で活躍し続けてきたドイツにとっては、本当に考えられないことでした。

ただ、そんな時代の中でも、ドイツ国内でブンデスリーガの人気が急激に衰えたことはありません。そこがドイツサッカー、ひいてはブンデスリーガのすごいところだと思います。先ほど、近年の日本ではブンデスリーガは地味なリーグとして認識されていたと言いましたが、ドイツ国内での認識は違います。強い時代も弱い時代も、常にドイツ国民の生活の中にしっかりと根ざし、絶大な人気を誇っているのです。

それをはっきり示しているのが、**表1**の「年間観客総動員数と1試合平均観客動員数」だと思います。もちろん、年間観客総動員数についてはスタジアムの収容能力に関係しているので一概には比べられませんが、それでも開幕シーズンに600万人弱だった動員数が、08－09シーズンには

表1「年間観客総動員数と1試合平均観客動員数」

シーズン	総動員数	平均観客数
2008/09	12,822,484 人	41,904 人
2007/08	11,900,000 人	38,975 人
2006/07	11,518,923 人	37,644 人
2005/06	11,686,554 人	38,191 人
2004/05	10,765,974 人	35,183 人
2003/04	10,724,586 人	35,048 人
2002/03	9,764,735 人	31,911 人
2001/02	9,503,367 人	31,047 人
2000/01	8,696,712 人	28,421 人
1999/00	8,849,661 人	28,920 人
1998/99	9,455,582 人	30,901 人
1997/98	9,520,385 人	31,112 人
1996/97	8,776,265 人	28,681 人
1995/96	8,906,792 人	29,107 人
1994/95	8,476,885 人	27,702 人
1993/94	7,986,681 人	26,100 人
1992/93	7,396,857 人	24,173 人
1991/92	8,600,801 人	22,634 人
1990/91	6,275,437 人	20,508 人
1989/90	6,048,207 人	19,765 人
1988/89	5,394,943 人	17,631 人
1987/88	5,705,523 人	18,646 人
1986/87	5,937,044 人	19,402 人
1985/86	5,405,571 人	17,665 人
1984/85	5,765,284 人	18,841 人
1983/84	5,918,003 人	19,340 人
1982/83	6,180,704 人	20,198 人
1981/82	6,280,388 人	20,524 人
1980/81	6,895,851 人	22,535 人
1979/80	7,045,940 人	23,026 人
1978/79	7,351,341 人	24,024 人
1976/77	7,401,686 人	24,189 人
1975/76	6,768,448 人	22,119 人
1974/75	6,738,303 人	22,021 人
1973/74	6,293,167 人	20,566 人
1972/73	5,014,332 人	16,387 人
1971/72	5,487,286 人	17,932 人
1970/71	6,322,114 人	20,661 人
1969/70	6,113,726 人	19,979 人
1968/69	6,550,497 人	21,407 人
1967/68	6,147,508 人	20,090 人
1966/67	7,129,485 人	23,299 人
1965/66	7,094,666 人	23,185 人
1964/65	6,492,539 人	27,052 人
1963/64	5,909,776 人	24,624 人

1300万人弱と、ほぼ2倍になっているのは驚異的な成長だと言えます。

とりわけ2000年以降に入ってからは右肩上がりの大盛況が続いていて、最近ではほとんどの試合でスタンドは満員御礼。観戦チケットが試合前に完売してしまうケースも頻繁に起こっています。

それは、08－09シーズンにおける人気チームの1試合平均の観客動員数を見てみるとよくわかります（デトロイト社「フットボール・マネーリーグ」調べ）。

バイエルン・ミュンヘン＝6万9000人（動員率100％）
ボルシア・ドルトムント＝7万4800人（動員率95％）
シャルケ04＝6万1400人（動員率99％）
ハンブルガーSV＝5万4800人（動員率97％）
ヴェルダー・ブレーメン＝4万400人（動員率94％）

バイエルン・ミュンヘンが毎試合で満員の観客を集めていることも驚きですが、それ以外の人気チームの動員率も世界屈指だと言えるでしょう。

さらに、近年ではイングランドのプレミアリーグが世界で最も集客力のあるリーグと言われていましたが、04－05シーズン以降はブンデスリーガが逆転。確かにチケット価格の違いもありますが、リーグとしての年間１試合平均観客動員数で、プレミアリーグに６０００人～８０００人の差をつけて伸び続けているという統計も出ています。

今、ブンデスリーガが世界で最も熱く盛り上がっているリーグだと言われる理由は、そういったデータでも裏付けされているわけです。

長年に渡って取り組んだ安全性の改善が実を結んだ

ブンデスリーガが世界ナンバーワンの観客動員数を誇るまでに成長できた背景には、長年に渡るドイツサッカー界の努力がありました。その取り組みのひとつが、観客動員が低迷していた80年代から少しずつ進められた環境整備です。

私が最初にドイツに住んでいた70年代は、まずサッカーのスタジアムは危険な場所だというイメージが一般的でした。スタジアムにいるのは男ばかり。それも、ピンバッチをたくさん付けた皮ジャンを着ている髭を生やした大柄な男がやけに目について、とにかく物騒な雰囲気が漂っていたものです。彼らが試合前から瓶ビールをラッパ飲みして大声を出しているので、とても女性や子供が楽しめるような場所ではなかったのです。また、サポーターの衝突や暴動といった事件も珍しくはありませんでした。

そんなサッカースタジアムのイメージをなんとか改善しようと、DFB（ドイツサッカー協会）が真剣にスタジアムの安全性を高める取り組みを進めたのでした。

たとえば、サポーターのブラックリストを作って悪質なサポーターを永久追放したり、ものすごい数の警官を配備してスタジアム周辺の安全性を確保したり、あるいはアウェイ側サポーターを完全隔離して誘導するようにしたり。もちろん、入場時の荷物チェックも年々厳しくなりました。

一言で説明すると簡単に聞こえるかもしれませんが、このような取り組みを長期に渡って地道に続けた結果が、現在のブンデスリーガの基盤となっているのです。ですから、昔は当たり前だと考えられていたスタンドとピッチの間に張られた金網のフェンスも、今はほとんどのスタジアムで取り払われ、それでも大きなトラブルが起こることは

ほとんどなくなりました。イングランドのようにピッチとスタンドの境がないようなスタジアムなど考えられなかった当時のドイツ人からしてみれば、隔世の感があると思います。

私自身も、先日ドイツ取材に行った際、それを改めて実感したばかりです。ドイツで最も伝統のあるダービーマッチであるケルン対ボルシアＭＧの試合に行ったのですが、スタジアム周辺の警備もしっかりしていて、身の危険を感じることはまったくありませんでした。キックオフ数時間前からスタジアム周辺の屋台の前でサポーターがソーセージをつまみにビールを飲んでいて、そこにアウェイチームのマフラーをした女性が躊躇なく屋台でソーセージを買いに行ける。そんな安全でアットホームな雰囲気が出来上がっているのです。スタジアムの外も、昔は皆無だった女性や子供たちがサポーターに混じって楽しそうにしていて、実に素晴らしい雰囲気に包まれていました。

09－10シーズン、ボルシアMGのホームで行われたダービーマッチに行った際は、宿泊先のケルンでは朝8時から駅前にケルンサポーターが集結していたのですが、その段階から警官がサポーターをしっかり取り囲んで安全性を確保していました。しかもその日は、メンヘングラートバッハ市内すべての店で、朝から試合終了まで一切のアルコール類の販売を禁止。そういった厳戒態勢があるからこそ、多くのファンがダービーマッチを安全に楽しく観戦できる環境が整ったのだと感じました。

テレビの力でスター選手が生まれファンも増加

ピッチとスタンドの間に張られた金網フェンスが撤去されたことと同じように、ドイツ人の固定観念を変えたのが、サッカーのテレビ中継でした。今ではどこの国でもサッカーの試合をライブ中継するのは当たり前の時代になりましたが、80年代まではテレビ中継はスタジアムの観客動員にマイナスの効果があると信じられていました。

ところが、90年代に入ってからヨーロッパで衛星テレビが普及すると、まずイングランドのプレミアリーグが衛星テレビの力で富と繁栄を手にしました。他のヨーロッパ諸国同様、その影響はドイツにも及び、それまではスタジアムでしか見ることができなかったブンデスリーガの試合が、ブラウン管を通して自宅や飲食店で楽しめるようになったのです。最初は抵抗感があったライブ中継でしたが、実際にやってみるとその効果は想像以上のものがありました。

スタジアムの観客動員数は減るどころか、むしろ全国津々浦々でブンデスリーガを楽しめるようになったことでサッカーファンが急増。各クラブに多額のテレビマネーが舞い込んだばかりでなく、入場料収入もアップしたのです。

また、テレビの影響力によって、スター選手が生まれるようになったこともブンデスリーガ人気に火をつけたと言えるでしょう。

96－97シーズンにチャンピオンズリーグ優勝を果たしたドルトムントのMFラース・リッケンなどは、テレビの力が大きく影響して生まれた最初の若手スター選手でした。もっとも、当時17歳という若さで最年少記録によるブンデスリーガデビューを飾ったリッケンは、その華々しい10代を過ごした後は過度のプレッシャーに悩まされ、大成しないまま現役を退く羽目になりました。そういう点では、スター選手を作りやすい環境にしたテレビの力は、もろ刃の剣という側面があることは否定できません。

しかし、テレビ中継がスター選手を生みやすい環境を作ったことは、女性や子供のファンが増加している事実を見れば明らかと言えるでしょう。その相乗効果によって、今のブンデスリーガの活況があるのです。

大赤字を許さないブンデスリーガの厳しい経営審査

現在のブンデスリーガの繁栄を語るうえで絶対に欠かせない要素が、クラブの健全経営という側面です。

昨今は、イングランドのプレミアリーグのビッグクラブでさえ百億円単位の赤字を出してしまうことが珍しくない時代になっていますが、ブンデスリーガのクラブでそれだけ多額な赤字を抱えるクラブは存在しません。なぜなら各クラブは、DFBによる厳しい経営審査をクリアしたことを証明するブンデスリーガ・ライセンスを取得していなければならないからです。つまり、ブンデスリーガに所属するためには単に成績だけを残せばいいということではないのです。

たとえば、イタリアの世界的ビッグクラブのミランを例にすると、オーナーのシルビオ・ベルルスコーニ会長が自らの個人資産でクラブ経営をしているため、たとえ数百億円の赤字があったとしてもそれは会長個人の借金とほぼ同義で、突然クラブの経営が破たんするようなことはありません。逆に、オーナー自身が破産してクラブを手放すといったケースが起こりうるわけですが、その場合でも次のオーナーを見つけさえすれば、そのクラブがリーグを除名されることはないのです。

近年、借金返済の見通しが立たなくなって経営権を売却するプレミアリーグのクラブが増えていますが、3大リーグを筆頭に、ヨーロッパの多くのリーグでは基本的に同じような構造で成り立っています。

ところが、ブンデスリーガは違います。

仮にクラブの年間収入が50億円だとすれば、50億円を大幅に上回る額の支出を計上してしまうと、いくら成績が良くてもブンデスリーガに所属することが認められなくなってしまいます。ですから、クラブは年間運営予算を収入見込みの範囲内に収める必要があるのです。

とはいえ、シーズンを終えた段階で結果的に赤字を出してしまうケースも当然あります。ただその場合、その時点で即ブンデスリーガ・ライセンスを例外なく剥奪されるというわけではなく、出してしまった赤字を数年で確実に黒字化できるという事業計画を提出して認められれば、引き続きブンデスリーガに所属することはできます。

もっとも、この厳しい審査基準が裏目となって、ブンデスリーガは90年代に始まったヨーロッパサッカーのバブル時代に取り残された感は否めません。収支を気にせず多額な投資を行い、世界中のスター選手を集めて華やかさを増した３大リーグと違い、各クラブが身の丈予算でしか選手補強費を使えないブンデスリーガでは、必然的に安くて地味な選手が増えてしまいました。

しかし、だからこそ健全な経営を維持し続けたブンデスリーガのクラブは、金融危機に始まった昨今の世界不況の波に飲まれるようなことがなかったのだと思います。実際、この不況下においてもブンデスリーガで多額の赤字を抱えるクラブは存在しません。むしろ、厳しい経営を強いられている３大リーグを尻目に、リーグ全体として売上を伸ばし、華やかさを増しているというのが現状なのです。

先日、私の旧友のひとりでもある元ドイツ代表の名手ヴォルフガング・オヴェラートとの会話の中で、彼は現在のブンデスリーガの状況について、こんな話をしてくれました。

「各クラブが健全な経営をしている中で、どこのクラブも今は収入を増やしている。ブンデスリーガのクラブで支出が収入を上回るようなことは基本的にないのだから、リーグ全体は確実に右肩上がりになっているはずだ」

クラブが赤字を出さずに売上を伸ばせば、当然リーグ全体のマーケットも拡大します。

つまり、健全なクラブ経営という大原則が、現在のブンデスリーガの好景気を支えていることは間違いないと思います。

ブンデスリーガのクラブは商業収入の割合が高い

ブンデスリーガのクラブ経営を見た場合、あるひとつの特徴が浮かび上がります。それは、クラブ収入の3大要素（入場料収入、テレビ放映権収入、商業収入）の割合で、明らかに商業収入の占める割合が高いということです。商業収入とは、主にスポンサー収入とグッズ販売収入（マーチャンダイジング収入）を指しているわけですが、テレビ放映権頼みとされる近年のサッカー界の中にあって、この傾向は他国リーグと異なっている点だと思います。

たとえば、08－09シーズンの主な3大リーグのビッグクラブの商業収入と収入全体におけるその割合を、ブンデスリーガの主要クラブのそれと比較してみると、その傾向がよくわかります（デトロイト社「フットボール・マネーリーグ」調べ）。

3大リーグの主なビッグクラブの商業収入

レアル・マドリー＝1億1860万ユーロ（35％）
バルセロナ＝9550万ユーロ（31％）
マンチェスター・ユナイテッド＝7000万ユーロ（25％）
アーセナル＝4810万ユーロ（21％）
ミラン＝5460万ユーロ（33％）

ブンデスリーガの主要クラブの商業収入

バイエルン・ミュンヘン＝1億3570万ユーロ（55％）
ハンブルガーSV＝4730万ユーロ（38％）
シャルケ04＝5200万ユーロ（49％）
ヴェルダー・ブレーメン＝2570万ユーロ（22％）
ボルシア・ドルトムント＝5010万ユーロ（57％）

バイエルン、シャルケ、ドルトムントに至っては、収入のほぼ半分を占めています。このデータからもわかるように、ブンデスリーガのクラブの商業収入の割合は他の3大リーグのクラブと比べて明らかに大きなものになっているのです。

ちなみに、この中でブレーメンが22%と商業収入の割合が小さくなっていますが、これは08－09シーズンにチャンピオンズリーグに出場し、さらにグループリーグ敗退後に回ったUEFAカップで決勝まで進出したことで、テレビ放映権収入が上がったことが原因でした。

もちろん、このような例外もあるので一概には言えないところもありますが、このデータはブンデスリーガの健全経営を示すひとつの指標になると思います。

また、実際にドイツに行ってクラブのオフィシャルショップに足を運んでみても、この傾向を肌で感じることができます。もちろん、昔からクラブのファンショップはあったわけですが、当時はだいたい試合当日の屋台販売やクラブハウスの一角にある売り場でのグッズ販売が一般的でした。ところが近年は、街中のショップ数も増え、しかもグッズの品揃えの豊富さと言ったらプレミアリーグも顔負けといったレベルになっているのです。

特に子供や女性向けのグッズが増えていることが最近の特徴で、それは、裏を返せば子供や女性のファンが増えていることの証でもあります。スタジアム周辺の環境を整備したことでブンデスリーガの試合に子供や女性が増えたと言いましたが、その好影響は各クラブのグッズ販売の売り上げ増加にもつながっているのです。

育成改革の成果として次々と育つ若いタレントたち

そして、女性や子供のファンが増えた要因としてよく言われるのが、ここ数年で急激に台頭してきた有望な若手選手の存在です。

一般的に、女性は若くて独身のスター選手に憧れる傾向がありますが、最近ドイツではその対象となる選手が雨後の筍の如く育っているのです。今シーズンもドルトムントやマインツを筆頭に、若手中心のチーム作りで躍進を遂げているクラブが目立っています。トータル的に見てもドイツ人の若手選手のレベルは飛躍的にアップしていて、今ではどこのクラブにも将来を嘱望される若手が活躍するようになっています。

かつてベテラン頼みだったドイツサッカー界で、なぜ急に有望な若手が育ってきたのかということについては第4章で詳しく紹介したいと思いますが、２００２年にスタートしたＤＦＢの育成システムの改革がその大きな要因となっていることは間違いありません。

その成果は最近になって現れ始め、ドイツは08－09シーズンに行われたＵ21、Ｕ19、Ｕ17のユーロ（ヨーロッパ選手権）において、そのすべてのカテゴリーで優勝。ユース年代のヨーロッパチャンピオンの座を総なめにしたのです。

たとえば、10－11シーズンからモウリーニョ監督が率いるレアル・マドリーに移籍したメスト・エジル（当時ブレーメン）とサミ・ケディラ（当時シュトゥットガルト）のドイツ代表ＭＦコンビは、そのＵ21ドイツ代表の優勝メンバーの主軸でした。この２人は２０１０年ワールドカップで代表のレギュラーとしてプレーしているので、知っている人も多いことと思います。他にもその優勝メンバーには、ＧＫマヌエル・ノイアー（シャルケ）、マンチェスター・シティに移籍したＤＦジェローム・ボアテング（当時ハンブルグ）、ＤＦアンドレアス・ベック（ホッフェンハイム）、ＭＦマルコ・マリン（ブレーメン）ら、現在各クラブで主力として活躍する多くのタレントがプレーしていました。

また、Ｕ19代表メンバーに目を向けると、ＤＦシュテファン・ライナルツ（レヴァークーゼン）、双子の兄弟ＭＦラース・ベンダー（レヴァークーゼン、当時１８６０ミュンヘン）とＭＦスベン・ベンダー（ドルトムント、当時１８６０ミュンヘン）、ＭＦティモ・ゲブハルト（シュトゥットガルト）、そしてＵ17代表では香川のチームメイトでもある18歳のマリオ・ゲッツェ（ドルトムント）らが、その時のヨーロッパチャンピオンの主役でした。

この他にも、すでにドイツ代表としてワールドカップでプレーしているトーマス・ミュラーとトニ・クロース（バイエルン）など、ドイツの有望な若手タレントを挙げればきりがありません。おそらく、ヨーロッパを見渡しても、今ドイツが最も若いタレントが多い国だと言って間違いないでしょう。

エジルとケディラなどは、さきほど触れた育成システムの改革から生まれた最初のタレントになりますが、彼ら２人が移籍先のレアル・マドリーですぐにレギュラーの座を奪っていることでわかるように、そのレベルは少し前のドイツでは考えられないような高さになっています。

10-11 シーズンからレアル・マドリーの主軸を担っているメスト・エジル（左）とサミ・ケディラ（右）

このような優秀なタレントが次々と育てば、右肩上がりのブンデスリーガ人気も確実に続いていくはずです。こういう点でも、ブンデスリーガの未来は明るいと言えます。

ヨーロッパの舞台でも躍進するブンデスリーガ勢

現在、ハード、ソフト両面で右肩上がりのブンデスリーガは、当然ですが、リーグ全体としてのレベルも上がっています。近年ヨーロッパの舞台で上位進出を望めるのは、バイエルンぐらいしかありませんでしたが、最近はチャンピオンズリーグやヨーロッパリーグでバイエルン以外のドイツ勢の活躍も目立つようになりました。

たとえば09－10シーズンは、チャンピオンズリーグでバイエルンが準優勝に輝いた他、シュトゥットガルトもベスト16入り。ヨーロッパリーグではハンブルガーSVがベスト4に、ヴォルフスブルクがベスト8入りを果たしています。

また、08－09シーズンは、チャンピオンズリーグではバイエルンがベスト8入りしただけでしたが、ヨーロッパリーグではブレーメンが準優勝、ハンブルガーSVがベスト4に入るなど、ドイツ勢の躍進を感じさせてくれました。

ヨーロッパの舞台におけるドイツ勢の活躍は、UEFAランキングにも反映されるようになり、長年4位に甘んじているドイツの順位は、10－11シーズンの結果次第では3位のイタリアを追い抜くまでに肉迫しています。すでにチャンピオンズリーグではバイエルンとシャルケがベスト16を確保し、ヨーロッパリーグでもシュトゥットガルトとレヴァークーゼンがベスト32に駒を進めています。

仮にイタリアを抜いてランキング3位の座を獲得すれば、チャンピオンズリーグの出場枠がひとつ増えて4枠（うち予選が1枠）となり、ブンデスリーガの可能性はさらに広がることでしょう。

現在ブンデスリーガが観客動員数で世界トップの座に躍り出ていることは先ほど紹介しましたが、実力の面でもヨーロッパ3大リーグを脅かす存在となっているのです。

Kolumne 1 コラム1 スター選手ニックネームあれこれ

選手名	ニックネーム	意味・由来
ルーカス・ポドルスキ	Prinz Poldi （プリンス・ポルディ）	ポドルスキ王子という意を愛らしくした表現
ミヒャエル・バラック	Capitano （カピターノ）	キャプテン （キャプテンを務めているため）
ミロスラヴ・クローゼ	Salto-Klose （サルト・クローゼ）	ゴールを決めた後に宙返りをすることに由来
バスティアン・シュヴァインシュタイガー	Schweini （シュヴァイニ）	名前を愛らしく表現
マリオ・ゴメス	Super Mario （スーパー・マリオ）	マリオという名前に由来
フランツ・ベッケンバウアー	Kaiser （カイザー）	皇帝
ギド・ブッフバルト	Diego （ディエゴ）	マラドーナのマーカーだったことに由来
ルディ・フェラー	Tante Käthe （タンテ・ケーテ）	ケーテおばさん（髪型と髪の色に由来）
オリヴァー・カーン	Titan （ティタン）	タイタン （ギリシャ神話の巨人）
トマシュ・ロシツキー	Schnitzel （シュニッツェル）	ドイツ風カツレツを食べて大きくなれと言われていたことが由来
シュテファン・エッフェンベルク	Tiger （ティガー）	虎
トーマス・ヘスラー	Icke （イッケ）	私という意味のドイツ語「ich」のベルリン訛り
ユルゲン・クリンスマン	Flipper （フリッパー）	いつもトラップを大きく弾いてしまうことに由来
マティアス・ザマー	Motzki （モツキ）	文句が多いことに由来
ラファエル・ファン・デル・ファールト	Tulpen-Beckham （トゥルペン・ベッカム）	チューリップの国（オランダ）のベッカム
ロベルト・フート	The Berlin Wall （ザ・ベルリン・ウォール）	ベルリンの壁 （ベルリン出身の長身ＤＦ）
ゲラルド・アサモア	Blondie （ブロンディ）	金髪 （髪を金色に染めていたため）
高原直泰	Sushi-Bomber （スシ・ボンバー）	寿司ボンバー

2.Spieltag

第2章

ブンデスリーガを100倍楽しむ観戦術

ブンデスリーガはドイツ人の生活の一部になっている

他のヨーロッパの国もそうだと思いますが、ドイツでもサッカーのベースとなっているのは、自分の街にあるクラブです。

ブンデスリーガに参加しているクラブを持っている街は当然ですが、自分の街にクラブがあれば、たとえそれがアマチュアでも、週末は自分の街のクラブを応援するというのが原点で、それが彼らのライフスタイルの一部になっています。

たとえば、私が最初に住んだアロルゼンという村もそうでした。アロルゼンはとても小さな村でしたが、その村の人々は日曜になると村のクラブの試合に行って、みんなで応援していました。そのクラブはアマチュアでしたが、ユースチームや子供のチームもあり、大人のチームの試合の日にはグラウンドの脇に簡単な屋台も出ます。そしてお客さんは100円か200円程度の入場料を支払います。確かに金額にしてみれば小さいかもしれませんが、それでもクラブにとっては貴重な収入源。村の人々にとってもサッカーは週末を過ごすための大切なイベントで、自分たちがクラブを支えているんだという意識も芽生えます。

ただ、自分のクラブを応援しながらも、アロルゼンの人々もブンデスリーガを楽しんでいました。当時は試合のテレビ中継がありませんでしたから、ニュース番組を見たり、新聞や雑誌の記事を読んだりして、バイエルン・ミュンヘンやボルシア・メンヘングラートバッハといった人気チームに

ついて語り合うわけです。

一度、私がボルシアMGの秘書に試合のチケットを手配してもらって村の人を誘ってみたところ、「絶対に行く！」と即答され、車で相乗りして観戦に行ったことがありました。とにかくアロルゼンは田舎だったので、プロの試合を生で見る機会はめったにないわけです。ですから、チャンスがあれば土曜日に行われるブンデスリーガの試合を見に行って、日曜日は自分のチームを応援するというのが田舎に住む人の一般的なパターンでした。

もちろん、今は衛星テレビのライブ中継が普及したので、どんな小さな街に住んでいてもテレビでブンデスリーガを楽しむことができます。自宅でテレビ観戦する人も多いですが、やはりドイツ人は店でビールを飲みながら、みんなで一緒に観戦するというスタイルを好みます。

ドイツ語でロカールという、いわゆる大衆的な酒場がどの街にもあるのですが、その店先に「ＳＫＹ」という看板が出ていれば、店内でブンデスリーガの試合を見ることができます。

ドイツ人はサッカーに詳しい人が多いですから、みんなでビールを飲みながら試合を見て、試合前から試合後までお互いの感想や意見をぶつけ合って議論する人を多く見かけることができます。ひとつひとつのプレーに対しても、監督の采配についても、とにかくみんな色々な意見を持っていて、全員が評論家さながらです。特にドイツ人は議論をすることが大好きなので、サッカーはその格好のネタになるのです。

一般的に、中年男性にそういったタイプのファンが多いのですが、最近はブンデスリーガ人気の影響でその手の若者もよく見かけるようになりました。ロカールのような伝統的な大衆酒場だけでなく、今はスポーツバーやパブのような若者向けのお洒落な店が増えているので、女性も見かけるようになりました。スタジアムと同じで、こういった店でも老若男女が一緒にブンデスリーガに興じるようになったのです。

サッカー観戦に欠かせないビールとソーセージ

スタジアムで観る時も、テレビ観戦の時も、ドイツ人にとってビールとソーセージは絶対に欠かせません。

特にドイツでは水よりもビールが安く飲めるうえ、３０００種類以上のビールを楽しむことができます。

たとえば私が大好きなのが、ケルンにあるケルシュというビールです。これは冷やして飲むので比較的日本のビールに似ているのですが、小さなグラスに入っているのが特徴です。グラスが小さいのですぐに空になってしまいますが、店員がビールをたくさん載せたお盆を持ち歩いているので、素早くおかわりすることができます。飲み口も爽やかで、もしケルンに行く人がいたらぜひ試して欲しいお勧めのビールです。

それと、ソーセージもぜひ試して欲しいドイツの名物です。ビールのつまみとしても最高ですし、ソーセージだけを食べても申し分ない味です。ソーセージは、茹でたものと焼いたものがあるのです

1.FC ケルンのオフィシャルショップではケルシュ用のビールグラスも販売されている

が、個人的には焼いたソーセージがお勧めです。ブラート・ブルストと言いますが、ブラートは焼くという意味で、ブルストはソーセージを意味するドイツ語になります。屋台で「ブラート・ブルスト」と言えば、お店の人も理解してくれると思います。

ソーセージにも色々種類はありますが、その中でもお勧めはニュルンベルクのソーセージです。他のソーセージよりも小ぶりなのですが、味わい深くてとても美味しい一品です。真空パックになって売っているソーセージもあるので、日本へのお土産として買ってみるといいかもしれません。

ドイツ人のソウルフードであるビールとソーセージは、当然、試合当日のスタジアムでも堪能することができます。ソーセージを注文すると、パンに挟んでマスタードをかけ

小ぶりながら味わい深いニュルンベルクのソーセージ

て渡してくれるケースが多いと思います。一般的な食べ方としては、パンの部分を手で持ってソーセージにかぶりつきます。また、パンが付いてないソーセージもありますが、その場合は大抵ソーセージを厚紙にのせてくれるので、その厚紙を折ってソーセージを挟んで食べて下さい。

ビールやソーセージを飲み食いすることもブンデスリーガ観戦の醍醐味のひとつですから、そのためにもキックオフの最低２時間前にはスタジアムに行き、まずはスタジアム周辺をゆっくり散策して欲しいと思います。そして、屋台でドイツ人のファンに混じってビールを飲んだりソーセージを食べたりしてみてください。

おそらく、そうやって屋台の前のテーブルにいれば、声をかけられたりすることがあるでしょう。今、ドイツでは香川ほど有名な日本人はいませんから、きっと「カガ～ワ！」と声をかけられることが多いと思います。ドイツ語が理解できなくても、そうやってドイツ人とコミュニケーションをとることも、忘れられない旅の思い出になると思います。

今、最も旬なブンデスリーガを現地で生観戦して欲しい

ブンデスリーガの観戦チケットは試合当日にスタジアムで購入できますが、やはり人気カードの場合は試合前に完売するケースが多いので、事前に購入することをお勧めします。ドイツに知り合

いがいるのであればクラブのファンショップなどで買っておいてもらうこともできますが、そうでない場合は、日本からインターネットで事前に購入するといいでしょう。ブンデスリーガの公式サイト（http://www.bundesliga.de）の「ＦＡＮＺＯＮＥ」から各クラブのチケット販売サイトに行くことができます。その際、クレジットカードが必要になり、送付先は宿泊先ホテルにすることも可能です。もちろん、ホテルにはファックスやメールであらかじめチケットが届くというレターを出しておくことを忘れないで下さい。

ブンデスリーガでは、チケットを持っていれば試合当日の近郊電車、地下鉄、トラム、バスといった公共の交通機関は無料になるので、交通費はかかりません。試合前はたくさんのサポーターがそういった交通機関を利用しているので、彼らを注視しながら移動すればスタジアムに迷うことなく到着することができると思います。

試合後は、ほとんどのレストランは深夜12時前後でクローズしてしまいますが、ロカールやパブなどは遅くまで営業していますから、試合後にビールを飲むこともできるはずです。もっとも、田舎の街だと営業時間が短いケースもあるので、ホテルなどで飲食店の情報を確認しておくことをお勧めします。

とにかく、今のブンデスリーガのスタジアムは、イングランドのプレミアリーグに負けないくらい素晴らしい雰囲気があります。せっかく多くの日本人がプレーしているのですから、ぜひ一度はドイツに行って、ブンデスリーガを生で体感して欲しいと思います。テレビでは伝わらない、興奮と感動が味わえること請け合いです。

ドイツが誇る世界的ビッグクラブ、バイエルン・ミュンヘン

ブンデスリーガ優勝21回。ドイツサッカー選手権時代の優勝を合わせると、バイエルン・ミュンヘンは22回もドイツチャンピオンになっています。この記録に次ぐのが９回優勝の１ＦＣニュルンベルクであることからしても、ドイツ国内でバイエルンがいかにスペシャルなクラブであるかは容易に想像がつくと思います。

しかも、ヨーロッパの舞台でもチャンピオンズリーグ優勝４回（チャンピオンズカップ時代含む）、カップウィナーズカップ優勝１回（ヨーロッパリーグに吸収された国内カップ戦王者によるトーナメント）、ＵＥＦＡカップ優勝１回（現ヨーロッパリーグ）、さらにはワールドチャンピオン（インターコンチネンタルカップ）も２回経験するなど、バイエルンの歴史は栄光に満ちています。

客観的に見てみも、レアル・マドリー、バルセロナ、マンチェスター・ユナイテッド、ミラン、ユベントスといった世界に名高きビッグクラブに肩を並べることができるドイツのクラブは、バイエルンを置いて他には存在しません。

バイエルンはドイツサッカーの誇り。ドイツ人にはそんな共通認識があるので、たとえドルトム

ントやシャルケのサポーターであっても、バイエルンがヨーロッパの舞台で試合をするときは、ほとんどの人がバイエルンを応援します。そこが、自分のクラブ以外は応援しない人が多いスペイン、イタリア、イングランドといった国々と違うところかもしれません。

ですから、バイエルンがミロスラフ・クローゼをブレーメンから獲得した際も、レヴァークーゼンで活躍したミヒャエル・バラックを獲得した際も、文句を言う人はほとんどいませんでした。そもそもドイツ人選手であれば、みんなバイエルンでプレーすることに憧れ、それを拒む者はほとんどいません。それほど、ドイツ国内におけるバイエルンは一目置かれたクラブなのです。

しかし意外なことに、ブンデスリーガが開幕した63－64シーズンは、バイエルンは2部に所属していました。アマチュア時代のドイツサッカー選手権で優勝したのは1回だけと紹介しましたが、当時のバイエルンは、ミュンヘンにある極めて普通のクラブだったのです。

バイエルンをビッグクラブにしたウリ・ヘーネス

では、なぜ急にバイエルン・ミュンヘンが強くなったのでしょうか？　その話をするには、ウリ・ヘーネスという偉大なGM（ゼネラル・マネージャー）の存在を抜きに語ることはできません。

ウリ・ヘーネスは、バイエルンが急激に力をつけた70年代の黄金期を支えたFWでした。旧西ドイツ代表としても、1972年のユーロ（ヨーロッパ選手権）優勝と1974年の地元開催のワールドカップ優勝に貢献するなど、ドイツサッカー史に残るレジェンドのひとりです。

そのヘーネスが現役を引退して、1979年からバイエルンのGMに就任すると、GMとしての才能を一気に開花させたのです。自らの目で優秀な監督や選手をセレクトして呼んでくるだけでなく、スポンサー契約の営業交渉やテレビ放映権交渉など、あらゆる面で尽力し、それを継続して行ったことでバイエルンの財政規模は年々拡大していきました。

現在バイエルンの株主には、アディダス、ドイツテレコム、アウディといった国内有数のトップ企業が名を連ねていますが、ひとつのクラブにこれだけの大企業がサポートしているのは、すべてヘーネスの手腕によるものです。

さらにヘーネスがすごい点は、バイエルンだけのことを考えているわけでなく、バイエルンが潤うことで、ドイツサッカー全体が潤うような仕組みを考えていたことだと思います。結果的に、ドイツサッカー全体が潤えばバイエルンも潤うわけですから、そのやり方は大正解だったと言えます。

たとえば、ブンデスリーガのテレビ放映権料の分配率は他の国と比べてクラブ間の差が少ないのですが、バイエルンがそれについて不平を言うことはありません。これひとつとっても、全体が潤うことで自分のクラブも潤うというヘーネスの発想が浸透していることが伺えます。

そのヘーネスの手腕によって世界屈指のビッグクラブへと成長を遂げたバイエルンの財政規模は、08－09シーズンの調査では世界第4位のクラブ総収入を記録するまでに拡大しました（デトロイト社「フットボール・マネーリーグ」調べ）。総収入とは、入場料、テレビ放映権、その他の商業収入など、クラブの年間売上総額を示します。そして、次のクラブが08－09シーズンのトップ5になります。

1位：レアル・マドリー＝4億1400万ユーロ（約441億5400万円）
2位：バルセロナ＝3億6590万ユーロ（約402億4900万円）
3位：マンチェスター・ユナイテッド＝3億2700万ユーロ（約359億7000万円）
4位：バイエルン・ミュンヘン＝2億8950万ユーロ（約318億4500万円）
5位：アーセナル＝2億6300万ユーロ（約289億3000万円）

さすがに1位のレアル・マドリーと比較すると100億円以上の差はありますが、しかしバイエルンがプレミアリーグ随一の人気を誇るマンチェスター・ユナイテッドの収入に肉薄していることに驚いた人もいるのではないでしょうか？

最近、バルセロナが09－10シーズンに75億円もの赤字を出していたというニュースが世界を駆け巡りましたが、バイエルンが大幅な赤字を認めないブンデスリーガの厳しい経営規定の中で、これだけのレベルの財政規模を誇っているのは、十分評価に値すると思います。

もちろん、すべてがヘーネスの力というわけではありませんが、しかし誰もが彼の手腕と功績を認めていることは間違いありません。

ベッケンバウアーから引き継がれるバイエルンの系譜

そんな世界的ビッグクラブの歴史は栄光に満ちています。

まず、バイエルンの歴史で最も偉大な選手が、〝皇帝〟の異名をとるフランツ・ベッケンバウアーです。あまりにも有名な人物なので、現役時代や監督時代のことは省かせてもらいますが、ベッケンバウアーは今でもバイエルンに絶大な影響力を持っていて、肩書きとしてはクラブの名誉会長（2010年秋の総会でウリ・ヘーネスが会長に就任）でもあり、バイエルン・ミュンヘン株式会社の監査役長でもあります。もちろんベッケンバウアーに関しては、ドイツで行われた2006年ワールドカップの組織委員長を務めるなど、もはやバイエルンというより、ドイツサッカー界の顔と言ったほうがいいかもしれません。

そして、現在クラブの社長（代表取締役）を務めているのは、元代表の名FWで、現役時代からバイエルンに数々の栄光をもたらせたカールハインツ・ルンメニゲです。彼が〝ミスター・ヨーロッパ〟の愛称で名を馳せたのは70年代から80年代で、ポジションは違いますが、ベッケンバウアーの後継者としてクラブの象徴的存在となりました。現在の役職もルンメニゲに相応しいもので、就任以来、クラブのトップとしての手腕を発揮しています。

そして、現役選手として現在クラブの顔となっているのが、バスティアン・シュヴァインシュタイガーです。

バイエルン州出身のシュヴァインシュタイガーがバイエルンの下部組織に入団したのは1998年のことです。そして2002年にトップデビューを果たして以来、年々レベルアップしてチームの中心選手となったことは周知の通りです。中盤のあらゆるポジションをこなせるだけでなく、最近はトップ下としての才能を見せるなど、プレーの幅も広がっています。しかも、シュヴァインシュタイガーは2010年12月に2016年までの契約延長を済ませたばかりで、その年棒はなんと1000万ユーロ（約11億円）。年齢もまだ26

バイエルン幹部。向かって左端がヘーネス、左から3番目がルンメニゲ、右から2番目がベッケンバウアー

歳で、よほどのことがない限り、この先しばらくはシュヴァインシュタイガーがバイエルンの象徴として君臨することは間違いないでしょう。

ちなみに、バイエルンの選手の年棒（推定）は、ブンデスリーガの他クラブとは比較にならないほど高額です。シュヴァインシュタイガー以外で高額な年棒をもらっている選手は、フランス代表のフランク・リベリーで1000万ユーロ（約11億円）。その他、ドイツ代表のフィリップ・ラームが900万ユーロ（9億9000万円）、オランダ代表のアリエン・ロッベンが700万ユーロ（7億7000万円）と、その報酬はいずれも世界トップクラス。また、監督のルイス・ファン・ハールも400万ユーロ（4億4000万円）の年棒で契約しています。

そんなこともあって、バイエルンは常勝を義務付けられています。もし不甲斐ない戦いを続けてタイトルから遠ざかってしまうようなことになれば、たちまちメディアやファンから「FCハリウッド」と揶揄されます。もちろんこれは、「お前たちはサッカー選手ではなく、高いお金をもらって派手な生活をしている映画俳優だ！」という皮肉を込めたニックネームで、褒め言葉ではありません。

ただ、バイエルンのサポーターの気質はドルトムントやシャルケなどと比べると穏やかなので、チームが勝てないときでもスタジアムが荒れるようなことはほとんどありません。毎試合で満員となるホームスタジアムのアリアンツ・アレナの雰囲気は、ブンデスリーガの華やかさを象徴していると言っても過言ではありません。

ブンデスリーガ屈指の熱狂度を誇るボルシア・ドルトムント

ドイツで最もサッカーが盛んな地域が、1FCケルン、ボルシア・メンヘングラートバッハ、ボルシア・ドルトムント、シャルケ04といった名門クラブが犇《ひし》めく西部地区とされています。その中でもルール工業地帯にあるドルトムントとシャルケは、伝統的に熱狂的なサポーターに支えられていることで有名です。

この地域は、昔は炭鉱の街だったこともあり、サポーターの多くが炭鉱夫たちでした。それだけに、言葉は悪いですが、荒くれ者のサポーターが多かったのだと思います。スタジアムの雰囲気も独特で、いわゆる危ない地域と認識されていましたが、現在は炭鉱もなくなって普通の街になっています。かといって、特に寂れているわけでもなく、街並みも昔と比べたら随分と綺麗になりました。

その甲乙つけがたい2チームを比較してみると、96－97シーズンにチャンピオンズリーグで優勝を果たすなど、近年は香川がプレーするドルトムントの活躍が際立っています。ブンデスリーガ優勝も6回のうち3回は90年代以降。1997年にはヨーロッパチャンピオンとして来日し、トヨタカップを獲得して世界一の座に輝いています。

イタリア人のネヴィオ・スカラ監督（チャンピオンズリーグ優勝時の監督はオットマー・ヒッツフェルト）が率いた当時のチームは、現在DFBスポーツ・ディレクターとして育成の最高責任者を務めている元ドイツ代表のマティアス・ザマーを筆頭に、GKシュテファン・クロス、ユルゲン・

コーラー、パウロ・ソウサ（ポルトガルではパウロ・ソウザと発音）、シュテファン・ロイター、ヨルク・ハインリッヒ、ハイコ・ヘアリッヒ、ステファン・シャプイザ、アンドレアス・メラーと、いずれも代表クラスの選手が揃い、とても豪華な顔ぶれでした。ドルトムントが最も輝いていた黄金期のひとつです。

ただし、その黄金期を過ごしたのちにクラブは成長戦略を見誤ってしまい、クラブの株式を上場してしまったことで一時は財政破綻の危機に陥ってしまったことがありました。チャンピオンズリーグ出場権を逃すなど結果を出せなかったことで、クラブの株価もあっという間に下落。一気に大きな負債を抱えてしまい、借金を返済するには長い年月がかかってしまったのです。

それもあって、現在のクラブの方針は当時とは１８０度方向転換しています。高額な選手を買い集めてチームを強くするのではなく、安い選手、若い選手でチームを編成。とりわけクラブの下部組織から育て上げた選手を中心にして栄光を復活させたいという明確なビジョンの下、大改革を進めることに成功したのです。18歳でトップチームで活躍するマリオ・ゲッツェなどは、ユース育ちの代表格。もちろん21歳の若さで移籍した香川についても、そのクラブの方針に則って補強した若手選手のひとりということになります。

そして、監督には２００８年7月からユルゲン・クロップを招へいしました。クロップは若い選手を使うのが非常に上手な指導者としてよく知られ、10－11シーズンはクロップの指導力とチームのポテンシャルが一気に開花したシーズンだと言えるでしょう。ちなみに、スポーツ・ディレクターを務めているのは、80年代から90年代にかけてドルトムントでプレーしていた元代表MFのミヒャエル・ツォルクです。

なお、ドルトムントについての豆知識を紹介すると、チーム名にある「ボルシア」とは、ラテン語で「プロイセン」という意味の言葉になります。西部地区には同じくボルシア・メンヘングラートバッハがありますが、これはその昔この地域がプロイセン王国に属していたことにちなんで、クラブ名に加えられたようです。

多くの偉大な選手を輩出してきた古豪シャルケ04

一方、内田がプレーするゲルゼンキルヘンのシャルケ地区にあるシャルケ04も、クラブの歴史、熱狂度においてドルトムントに負けていません。

ブンデスリーガ優勝回数は、ドルトムントより1回多い計7回。ただ、ブンデスリーガ開幕以降は一度も優勝しておらず、獲得した主なタイトルはドイツカップ4回（36－37、71－72、00－01、01－02）とUEFAカップ1回（96－97）のみというのが寂しいところです。

シャルケの特徴のひとつとして、これまで多くの偉大な選手がプレーしていたことが挙げられます。その名前を聞けば、シャルケがいかにドイツ国内で特別なクラブであるかが伺えます。

たとえば、60年代から70年代に活躍した元代表の名手クラウス・フィヒテルとロルフ・リュスマン。ともにボルシアＭＧでキャリアを積んでから70年代にシャルケで活躍した双子のエルヴィンとヘルムートのクレマース兄弟。60年代から70年代にかけて活躍したドリブルの名手ラインハルト・リブダ。クラブ史上最多ゴール数を誇る元代表のクラウス・フィッシャー。80年代から90年代にかけてプレーした元代表ＤＦのオラフ・トーン。そして近年ではケヴィン・クーラニー（現ディナモ・モスクワ／ロシア）やゲラルド・アサモア（現ザンクト・パウリー）といったストライカーもプレーしていました。また、現在もドイツの将来を担う守護神と目されている代表ＧＫマヌエル・ノイアーが活躍しています。

近年のシャルケは、ルディ・アッサウアーという名物ＧＭが辣腕をふるって２０００年以降の巻

シャルケ04で共にプレーするスペインの名ＦＷラウール（左）と内田篤人（右）

き返しに成功。２００１年にホームスタジアムのヴェルティンス・アレナ（当時の名称はアレナ・アウフシャルケ）をオープンしてからは、優勝こそないものの、常にヨーロッパカップ出場権をキープするまでに復活を果たしています。

さらに09－10シーズンからは名将フェリックス・マガトを招へいし、チーム改革が進んでいます。スペイン元代表のラウールやオランダ代表のクラース・ヤン・フンテラールといったワールドクラスを補強し、チャンピオンズリーグでは見事にグループリーグ突破を果たしました。マガトは全権監督として手腕を発揮していますが、彼の右腕で、かつてマガトとともにシュトゥットガルトでチームの躍進に大きく貢献したこともあるホルスト・ヘルトをＧＭに招いていることも見逃すことはできません。

スタジアムの収容能力の関係で、年間入場者数では3位が定位置になっているシャルケですが、1位のドルトムント、2位のバイエルンとともに、誰もが認めるブンデスリーガの名物クラブであることは間違いありません。

投資によって理想郷となったＴＳＧ１８９９ホッフェンハイム

現在のブンデスリーガを紹介するうえで、ぜひ日本のサッカーファンに注目して欲しいクラブがあります。それは、世界的ビッグクラブのバイエルンやルール地方の2大クラブとは対照的に、人口わずか３０００人あまりの小さな村にある小さなクラブ、ＴＳＧ１８９９ホッフェンハイムです。今でこそホッフェンハイムはブンデスリーガに定着していますが、実は数年前まではほとんど無名のアマチュアのスモールクラブでした。

そんなクラブを急躍進させたのが、地元出身の企業家ディートマー・ホップでした。ホップはヨーロッパ屈指のコンピューターソフトウェア会社「ＳＡＰ」の創始者で、かつてはホッフェンハイムの選手でもありました。ホップは企業家として大成功を収めた後、自らの資産を地元のクラブに投資。ドイツでは珍しいクラブオーナーとしてクラブを大改革し、まさにサッカーの理想郷と呼べるようなクラブを数年で作り上げたのです。

彼がオーナーとなったのは１９９０年のことで、当時ホッフェンハイムはドイツ8部リーグ（アマチュア）に所属していました。ところが、ホップの方針の下、若くて有望な選手を集めて急躍進を遂げると、優勝につぐ優勝を重ね、99－00シーズンにはドイツ4部リーグ昇格を果たしました。さらにホッフェンハイムの躍進は続き、01－02シーズンから05－06シーズンまではドイツ3部に定着。そしてブンデスリーガ入りを目標としてさらなる改革に着手すると、07－08シーズンにはブンデスリーガ2部で2位を確保し、翌08－09シーズンからは晴れてブンデスリーガ1部の仲間入りを果たしたのでした。

この信じられないようなサクセスストーリーは、ホップの個人資産を選手補強に使って実現したわけではありません。第1章でも触れましたが、ブンデスリーガでは収入を上回る予算が使えないという大前提がありますから、チェルシーのアブラモビッチのようなスタイルでチームを強くすることはできないのです。ですから、ホップが最初に投資したのは主にハード面で、たとえばクラブハウスや練習場を整備することから始めたのでした。

環境の充実と明確なビジョンの下に優秀な人材が集まった

ホップは、整備したクラブ施設で若手選手を育てることを重視しました。そして、ホッフェンハイムに来ると最高の環境で指導が受けられるという口説き文句で、将来有望な育成年代の選手を集めることに成功したのです。

トップチームは毎年昇格を繰り返してブンデスリーガに近づいているわけですから、優秀な人材が集まらないはずはありません。とりわけ名物GMヤン・シンデルマイザーはこのクラブの躍進の立役者のひとりで、彼の眼力によって集まった無名選手は、いずれも周囲が驚くような才能の持ち主ばかりでした。

たとえば、主力FWとしてプレーするヴェダド・イビセヴィッチはボスニア・ヘルツェゴビナ出身の無名選手でしたが、ブンデスリーガ初年度となった08-09シーズンの前半戦に大ブレイクし、その年のボスニア・ヘルツェゴビナの年間最優秀選手に輝くまでに成長を遂げました。また、右サイドのデンバ・バはセネガル出身の選手で、ベルギーのムスクロンで発掘されてホッフェンハイムでブレイク。ボルシア・メンヘングラートバッハでくすぶっていたマーヴィン・コンパーも、シンデルマイザーによって発掘された主力選手のひとりです。

08－09シーズンに加入した現キャプテンのアンドレアス・ベックなどは、当時所属していたシュトゥットガルトよりもホッフェンハイムのほうが魅力的なクラブだというコメントを残して加入したほどで、その事実こそがホッフェンハイムの成功の秘訣を象徴していると言えるでしょう。

もちろん、監督もクラブの方針に則って採用しています。２００６年から指揮を執ったラルフ・ラングニック監督は、かつてシュトゥットガルトやシャルケでも監督を務めたことがある優秀な指導者でしたが、ホップの強い説得によって就任を決意。ブンデスリーガでの実績が十分なラングニックからすれば、当時３部だったホッフェンハイムの監督に就任することを躊躇するのは当然の話ですが、ホップのビジョンとクラブの環境に賛同してそのオファーを受けたと言います。

実際、ラングニックは監督に就任するとわずか２年でチームをブンデスリーガに昇格させ、ホッフェンハイム躍進の立役者となったわけです。残念ながら、10－11シーズンの途中で選手の売却についてホップと対立して辞任することになってしまいましたが、ブンデスリーガで旋風を巻き起こした08－09シーズンに７位、09－10シーズンも11位と、クラブをブンデスリーガに定着させたラングニックの功績は測り知れないものがあります。

ほとんど何もないところからホップが着手したホッフェンハイムのサクセスストーリーは、一体この先どこまで続くのでしょうか。

　2009年1月には、新しいホームスタジアムとして3万人収容のライン・ネッカー・アレナがオープンするなど、ますます期待は高まっています。人口わずか3000人ほどの地区ですから、スタジアムは隣町のジンスハイムに建設しましたが、それによって周辺の人々の中にホッフェンハイムをサポートする人が急増しているようです。

　私自身もホッフェンハイムを取材したことがありますが、ホップが作り上げたこのサッカーの理想郷がどこまで進化するのか、個人的にとても楽しみにしています。

取材当時ホッヘンハイムのコーチを務めていた元浦和レッズのマリッチ（左）とラングニック監督（右）

バイヤー・レヴァークーゼンの特殊な事情

ホッフェンハイムとは違った意味で、もうひとつブンデスリーガの中で特殊な立ち位置のクラブがあるので紹介したいと思います。それは、世界的な製薬会社であるバイヤー社（日本ではバイエル社と呼ばれている）が資金的サポートをするなど、企業チームとして成功しているバイヤー・レヴァークーゼンです。クラブ名に堂々と企業名が入っていることからしても、他にはない特殊なクラブであることがわかります。

レヴァークーゼンの歴史は古く、設立は１９０４年になります。地元企業のバイヤー社がクラブをサポートするという出発点からクラブの歴史が幕を開けたため、その歩みは異質なものと言えます。ホームタウンのレヴァークーゼンはケルンの北に位置する人口16万人ほどの街で、そのほとんどの人が何かしらバイヤー社関連の仕事をしている、いわば企業城下町。クラブにとっても、地元の人々にとっても、バイヤー社の存在は街の人々が暮らしていくうえで絶対に欠かせない大切な企業になっています。

ただ、企業チームと言っても、実際のクラブ経営については他のクラブと変わりません。Ｊリーグのいくつかのクラブのような経営スタイルとは違って、企業の一方的な広告宣伝費（投資）でクラブを強くすることはブンデスリーガの規定によって不可能ですから、バイヤー社はクラブの収入に応じた金額だけをクラブにサポートしています。

とはいえ、他のクラブのようにスポンサー契約を必死に営業する必要はなく、あらかじめバイヤー社のスポンサー料で賄われている部分が多いため、やはりドイツ国内では邪道なクラブとして嫌っている人がいることも事実です。

私は、そのような特殊なクラブであるレヴァークーゼンに帯同したことがあります。当時クリストフ・ダウムがドイツ屈指の名監督として名を馳せていた１９９７年のことでしたが、確かにそれまで私が帯同した他のクラブと比べると、明らかにクラブを取り巻く環境が恵まれていると感じたものです。よくあるフロントの揉め事も一切ありませんでしたし、施設も大変充実していました。とにかくクラブで働く人にとってみれば申し分のない環境でした。

でも、サッカーが盛んな西部地区にはケルン、ドルトムント、シャルケ、ボルシアＭＧなど、名門クラブのライバルが多く、サポーターはレヴァークーゼンの街の人々だけ。決して熱狂的とは言えず、これまでブンデスリーガで優勝したことは一度もありません。

最もタイトルに近づいたのは、クラウス・トップメラー監督が率いた01－02シーズンでした。ミヒャエル・バラックを擁して、チャンピオンズリーグ、ブンデスリーガ、ドイツカップと、３つのタイトルに大手をかけながら、最後にすべてを逃してしまった語り草のシーズンです。三冠に大手をかけた当時のチームには、バラックの他、ルッシオ（ブラジル）、ユルドゥライ・バシュテュルク（トルコ）、カルステン・ラメロウ、ベルント・シュナイダー、そしてオリバー・ノイビルといった代表クラスの選手が揃っていただけに、すべてのタイトルを逃したときのクラブとファンの落胆ぶりは相当なものでした。

しかもレヴァークーゼンは、ダウムが率いた98－99シーズン、99－00シーズン（このシーズンの途中にダウムが麻薬事件で解任され、ルディ・フェラー暫定監督を経て、ベルティ・フォクツが監督に就任）にも2シーズン連続でリーグ２位に甘んじた過去もあるため、すっかり万年２位の印象が強くなってしまいました。

もちろん、このクラブでもこれまで多くの名選手がプレーしています。現在はクラブのＧＭとして活躍している元代表のフェラーなどは日本でもよく知られている名選手のひとりですが、変わったところではお隣韓国の英雄チャ・ブングンも80年代に大活躍しています。近年はブラジル人選手の活躍が目立っており、浦和レッズで活躍したポンテや柏レイソルでプレーしていたフランサももともとはレヴァークーゼンでプレーしていたブラジル人選手でした。あるいは90年代に鹿島アントラーズでプレーしたジョルジーニョもそうです。

09－10からは名将ユップ・ハインケスが監督を務め、ラース・ベンダー、シドニー・サム、レネ・アードラー、パトリック・ヘルメス（現在ヴォルフスブルグ）、シュテファン・キースリンクといった有望な若手を中心にリーグで優勝を狙えるまでに実力をつけています。10－11シーズンからはバラックもレヴァークーゼンに戻ってプレーしており、ドイツ国内の注目度も上がっています。

随一の熱狂度と注目度を誇るルール・ダービー

ブンデスリーガを楽しむうえで絶対に見逃せないのが、いくつかの地域に存在するダービーマッチです。

中でも、先ほど紹介した熱狂的サポーターに支えられるルール地方の２大クラブ、ボルシア・ドルトムントとシャルケ04の戦いは、ルール・ダービー（レヴィア・ダービー）としてブンデスリーガの名物カードとなっています。

この地域のサポーター気質については先ほど触れましたが、そんな気性の荒い両チームサポーターにとって、ライバル心むき出しでしのぎを削るこのダービーマッチは、時にリーグ優勝するよりも大切なゲームとして認識されています。この２都市間の距離がわずか約20キロしか離れていないことも、お互いのライバル心に拍車をかけます。歴史的に見てもこのダービーマッチではサポーター同士のトラブルも多く、だからこそ、ドイツ国内で最も熱いカードは何かと言われれば、ほとんどのドイツ人が迷いなくこのルール・ダービーを挙げるのだと思います。

この試合を観戦しようと思ったら、なるべく早い段階でチケットを購入しておく必要があります。そもそも両チームとも事前に販売されている年間シートがスタンドの多くを占めているため、前売り販売するチケットの枚数も限られています。しかも、どちらのホームスタジアムで行われても、両チームの成績がどんな状況にあろうとも、毎回スタンドは超満員。世界には色々なダービーマッチが存在しますが、今、観客動員数で世界一を誇るブンデスリーガの中で最もチケットが入手困難なゲームがこのルール・ダービーなので、それなりの準備をしておかないと生で観戦することは難しいかもしれません。

そんなドイツナンバーワンの注目度を誇るルール・ダービーが近付くと、各メディアは色々な話題を提供して盛り上げます。

たとえば、10－11シーズンの第4節に行われたゲルゼンキルヘンでのダービーマッチでは、シャルケがこの試合のチケット代金を値上げしたことでトラブルが発生しました。値上げに怒ったドルトムントのサポーターが、購入した1000枚以上のチケットをシャルケに送り返したのです。メディアはさっそくその件についてドルトムントのクロップ監督に意見を求めると、クロップも「我々はラウールやフンテラールの獲得資金に協力するつもりはない。サポーターがチケットを突き返すのは当然だ」とコメントし、シャルケに対するライバル心をむき出しにしました。試合前からこの手の話題に事欠かず、戦う前から両チームのライバル心は煽られます。

ちなみに、この第4節のダービーではドルトムントが香川の2ゴールなどもあって1－3で勝利。香川は敵地ヴェルティンス・アレナを埋め尽くしたシャルケ・サポーターを黙らせただけでなく、ライバルを蹴散らした英雄として、いきなりドルトムント・サポーターの心をつかむことに成功したのです。簡単にできないような大仕事をデビュー直後にやってのけた香川は、やはりタダ者ではありません。

残念ながらその試合にはシャルケの内田は出場できませんでしたが、ドイツが誇る名物ダービーで日本人対決が実現するなど、まさか私も考えたことがありませんでした。これは日本人として実に誇らしいことだと思います。

ケルンとボルシアMGによる伝統のダービー〝クラシカル〟

熱狂度ではルール・ダービーに及ばないものの、同じ西部地区に存在する古豪同志の対決、ボルシア・メンヘングラートバッハ対1FCケルンのダービーマッチもブンデスリーガの名物カードのひとつです。ドイツではクラシカルと呼ばれる伝統のダービーマッチですが、日本のオールドファンにとってもお馴染みのカードではないでしょうか。

ボルシアMGは、70年代に名将ヘネス・ヴァイスヴァイラーの下、ギュンター・ネッツァーを擁してヨーロッパを席巻した偉大なクラブのひとつです。代表でも活躍したネッツァーがロングパスをビシバシ決める当時の攻撃サッカーは、もはや伝説的と言えるほどの魅力を持っていました。ネッツァーの他にも、ライナー・ボンホフ、ベルティ・フォクツ、アラン・シモンセン、ユップ・ハインケスなど、多くのスター選手が揃っていました。UEFAカップで2度優勝したのも、その黄金期でした。

私自身も、１９７３年から１９７５年までボルシアMGに帯同して、指導者の勉強をしたことがあります。もちろん、ドイツ語学校や指導者ライセンス取得のために不在のときもありましたが、それ以外は練習から試合まですべてチームと行動を共にし、多くのことを吸収することができました。たとえ強豪クラブとはいえ、当時は今と違ってアットホームな雰囲気だったので、家族のように私を受け入れてくれたことがとても嬉しかったものです。

現レヴァークーゼン監督のハインケスはその頃の友人のひとりで、何十年ぶりにも関わらず、私が取材に訪れた際はフレンドリーに迎えてくれました。ですから、私にとってボルシアMGは特別なクラブになっています。

話が少し脱線してしまいましたが、そのボルシアMGとほぼ同じ時代に覇権争いをしていたライバルが、1FCケルンです。ケルンはメンヘングラートバッハと違って都会のクラブで、当時はサッカー自体も洗練されていました。技術的にレベルの高い選手も多く、その筆頭がドイツ屈指の名手ヴォルフガング・オヴェラートでした。オヴェラートはクラブの歴史の中でも別格の存在で、現在もケルンの会長職を無給で務めるなどクラブの象徴となっています。

そのケルンが来日したときは、私がいつもチームの世話係を務めていました。また、１９９６年からはオヴェラートの紹介でチームに帯同させてもらったこともあるので、ボルシアMGと同じくらい個人的な思い入れのあるクラブのひとつになっています。

もちろん、そんな私個人の思い入れとは無関係に、この歴史と伝統を持つ両チームのダービーは

ドイツ屈指の熱狂度を誇っています。10－11シーズンの第12節に行われたケルンでのクラシカルに取材に行きましたが、その雰囲気はリバプールのアンフィールドに負けないくらいの素晴らしさがありました。残念ながら、そのときの両チームの成績は最悪なもので、17位対18位というボトム対決になってしまったのですが、他のダービーマッチと同じく、その試合だけは成績無関係。両チームがライバル心をむき出しにした、とても熱いゲームとなりました。

　昔ほどサポーター同士のトラブルは少なくなりましたが、そのぶん警備は厳重で、駅前からスタジアムの入場口まで、アウェイのボルシアMGサポーターが、がっちりガードされていたのが印象的でした。

　クラシカルは、個人的にもぜひ日本のサッカーファンの人に現地で生観戦して欲しいと思うお勧めのダービーマッチです。

その他、ドイツにはいくつかのダービーが存在します。たとえば、ヴェルダー・ブレーメン対ハンブルガーSVの北部ダービーも有名ですし、ハンブルグには同じ街にあるFCザンクト・パウリーとのハンブルグ・ダービーもあります。特に、ハンブルガーSVが過去一度も2部に降格したことがないのに対して、ザンクト・パウリーはブンデスリーガに所属するシーズンが少ないので、10－11シーズンのダービーマッチは必見と言えるでしょう。

それと同じようなことが言えるのが、ミュンヘン・ダービーかもしれません。ドイツ随一のビッグクラブであるバイエルン・ミュンヘンに対して、１８６０ミュンヘンは小さなクラブなので、ブンデスリーガでダービーが実現することはなかなかありません。それでも、実現したときはミュンヘンの街は大いに盛り上がります。

また、ライン川を挟んだ2チーム、1FCケルン対バイヤー・レヴァークーゼンはライン・ダービーと呼ばれ、アイントラハト・フランクフルトと1FSVマインツ05の対戦はフランクフルト・ダービー、バイエルン・ミュンヘンと1FCニュルンベルクの対戦はバイエルン州ダービーなど、やはり同地域での対戦は通常のゲーム以上に熱く盛り上がります。

ブンデスリーガで注目のヤングプレーヤー［GK&DF編］

現在のブンデスリーガの特徴として、優秀な若手選手が数多く活躍していることが挙げられます。これは、2002年にスタートしたドイツの育成改革によって、若くて才能があるドイツ人選手たちがトップチームで台頭するようになったことと、もうひとつは、若くて安い選手を中心にしてチームを編成するクラブが増えていることが大きく影響しています。

そこで、ここからは私が個人的に注目している若手選手を紹介したいと思います。ドイツ人に限らず、今のブンデスリーガには未来のエジルやケディラが数多くプレーしているので、彼らのプレーに注目しながら観戦すれば、きっと面白さは倍増するはずです。

まず、GKでチェックしておきたい若手が、バイエルンのトーマス・クラフト（1988年生まれ）です。バイエルンの正GKは36歳のヨルク・ブットなのですが、彼は10－11シーズンを最後に引退すると噂されており、そうなればクラフトに正GKの座が回ってくる可能性が出てきます。実は私がクラフトに注目している理由は、ルイス・ファン・ハール監督が彼の才能を高く評価していて、ブットの後釜に相応しい選手だと公言しているからです。実際、10－11シーズンのウィンターブレイク明けの第18節、対ヴォルフスブルク戦でクラフトはスタメンでブンデスリーガ・デビューを果たしました。すると、以降もブットに代わる正GKとしてプレーしており、やはりファン・ハール監督の期待の高さが伺えます。

共にバイエルン・ミュンヘン所属の左ＳＢディエゴ・コンテント（左）とＧＫトーマス・クラフト（右）

ただ、フロントはブットの後釜として、２０１０年ワールドカップでも代表のゴールマウスを守ったマヌエル・ノイアーをシャルケから獲得する意向を示しているので、もしそうなった場合はクラフトが正ＧＫの座を確保するのは難しくなるかもしれません。いずれにしても、クラフトはバイエルン以外のチームであれば正ＧＫの座を確保する力を持っているので、注目すべき若手ＧＫであることに変わりはありません。

一方、ドイツ代表で手薄とされているセンターバックのポジションでは、同じくバイエルンのホルガー・バートシュトゥバー（１９８９年生まれ）が注目です。バートシュトゥバーはバイエルンのユースで育った選手ですが、デビューシーズンとなった09－10シーズンからレギュラーとして定着。そのシーズンのチャンピオンズリーグ準優勝に大きく貢献した若手ディフェンダーです。センターバックとしての資質は申し分なく、フィード能力も高く、さらにプレースキックも得意としています。

バートシュトゥバーはすでにドイツ代表でもデビューしており、南アフリカでの２０１０年ワールドカップに出場を果たすなど着々と国際経験を重ねているタレントで、まだ代表のスタメンを確保したわけではありませんが、ドイツ国内では将来のドイツを背負って立つセンターバックになると期待されています。

その他、センターバックのポジションで注目したいのは、１９８８年生まれのシャルケのベネディクト・ヘーヴェデス、ドルトムントのマッツ・フンメルス、１９８９年生まれのバイエルンのブレーノといった若いタレントたちです。

ヘーヴェデスはシャルケのユース出身で、すでにクラブではレギュラーとしてプレーしています。バートシュトゥバー同様、本職はセンターバックですがサイドバックもこなせる器用さも兼ね備えています。まだ代表デビューは飾っていませんが、U18からU21までの各年代代表でプレーしているので、レーヴ監督の下で代表デビューを果たす日も近いでしょう。

そして、ドルトムントで香川とともに主軸としてプレーするマッツ・フンメルスも将来を嘱望されています。フンメルスはバイエルンのユース出身で、バイエルンでトップデビューを飾っていました。しかし、07－08シーズンの冬にドルトムントにレンタル移籍し、その1年後にはドルトムントに完全移籍を果たしました。守備力はもちろん、攻撃の能力も高く、今ではチームの絶対的な存在

バイエルンのゴ　ル前に鍵を掛ける両ＣＢホルガー・バートシュトゥバー（左）とブレーノ（右）

として活躍しています。フンメルスはU21代表を経験したのち、2010年11月17日に行われたスウェーデンとの親善試合でA代表デビュー。その試合でスタメン出場を飾っています。

バイエルンのブレーノはブラジル国籍のセンターバックですが、いずれドイツ代表を選択することを期待されている選手です。09－10シーズンはシーズン途中でニュルンベルクにレンタル移籍し、そこで経験を積んで急成長。10－11シーズンにバイエルンに復帰し、故障で出遅れましたが、完治してからはレギュラーとして定位置を確保しています。この先、彼がドイツ代表を選ぶのかどうかという話題がメディアを賑わせることは間違いありません。

サイドバックとして注目しているのは、左のディエゴ・コンテント（バイエルン）とマルセル・シュメルツァー（ドルトムント）、右のアンドレ

ボルシア・ドルトムントのCBマッツ・フンメルス（左）と右SBマルセル・シュメルツァー（右）

アス・ベック（ホッフェンハイム）の３人です。

１９９０年生まれのコンテントはバイエルンのユース出身のイタリア系ドイツ人。09－10シーズンにプロデビューして以来、着々と力をつけ、10－11シーズンは開幕からレギュラーを確保しました。守備も献身的ですが、やはり攻撃力が最大の特長で、すでにチームには欠かせない駒となっています。本人は将来イタリア代表でプレーすることを希望しているため、ドイツ代表でプレーすることはないと思いますが、注目のサイドバックであることは間違いありません。

ドルトムントのシュメルツァーは旧東ドイツの出身で、ドルトムントのユースで育った１９８８年生まれの選手です。08－09シーズンにデビューを果たし、以降は主軸としてチームのサイド攻撃の起点となって活躍。U21ドイツ代表での経験もあり、現在はA代表にも招集され、左サイドバックのポジションを狙っています。

一方、ホッフェンハイムでキャプテンとしてプレーする右サイドバックのベック（１９８７年生まれ）も、得意のオーバーラップで注目を浴びている若手選手です。ベックはシュトゥットガルトのユースで育ったロシア系の選手ですが、U21ドイツ代表としてヨーロッパチャンピオンになっただけでなく、すでに代表でもデビューを飾っています。残念ながら２０１０年ワールドカップのメンバーには最終段階で漏れてしまいましたが、才能豊かな選手だけに、２０１４年ブラジル大会の主力となる可能性は高いと思います。

ブンデスリーガで注目のヤングプレーヤー［MF編］

ミッドフィルダーのポジションは、有望な若手選手が溢れています。とりわけ、2010年ワールドカップで脚光を浴びてレアル・マドリーに移籍したメスト・エジルに象徴されるように、テクニックとスピードを兼ね備えた攻撃的中盤の若手タレントは世界屈指のレベルにあると言っていいと思います。数年前までのドイツでは考えられなかったことです。

その筆頭と言うべき大注目のタレントが、バイエルンのトニ・クロースでしょう。クロースは、現在ドイツ国内の中でも屈指のゲームメイカーと言われている若手MFで、ボールキープ、パス、ドリブル、シュート、セットプレーと、とにかくすべての才能を兼ね備えたパーフェクトな選手です。視野も広くて判断力もあるので、本職のトップ下としての能力は申し分ありません。

デビューは07－08シーズンでしたが、08－09シーズンの途中からレヴァークーゼンにレンタル移籍して実戦の経験を積みました。09－10シーズンは左サイドでプレーし、レヴァークーゼンの躍進に主力として貢献。自信をつけて10－11シーズンに古巣に戻って来ました。ただ、バイエルンの2列目にはロッベン、ミュラー、リベリーといった大物が揃っているため、レギュラーを確保するには至っていません。その一方で、代表では2010年ワールドカップにも出場し、今や代表の常連選手になっています。

果たして、この1990年生まれの若者はこれからどのように成長を遂げていくのか。今からク

バイエルンのみならずドイツの将来を担うＦＷトーマス・ミュラー（左）とＭＦトニ・クロース（右）

ロースに注目して損はないでしょう。

　同じポジションのタレントとして、ブレーメンのマルコ・マリンも見逃せないＭＦです。１９８９年生まれのマリンはボスニア・ヘルツェゴビナ出身のドイツ人で、すでに２００８年にドイツ代表デビューを果たし、２０１０年ワールドカップにも出場しています。ボルシアＭＧのユースからトップに上がったマリンが、ブレーメンに加入したのは09－10シーズン。すぐにチームの攻撃の起点として主軸になりました。

　特長はキレのあるドリブルとシュート力です。サイドでプレーすることも多いですが、やはりマリンの能力がいちばん発揮されるのはセンターだと思います。クロースとの違いは、マリンはドイツでは珍しいドリブラーという点ですが、才能という意味では肩を並べるほどの逸材であることは間違いありません。

激しくボールを奪い合うブレーメンＭＦマルコ・マリン（左）とレヴァークーゼンＭＦシドニー・サム（右）

もうひとり、現在大ブレイク中の選手が、マインツのルイス・ホルトビー（1990年生まれ）です。ホルトビーもボルシアMGのユースで育った選手なのですが、その後、アレマニア・アーヘン、シャルケ、ボーフムと渡り歩き、10－11シーズンからマインツでプレーしています。現在はシャルケからのレンタルという格好ですが、その才能は疑いの余地はありません。切れ味鋭いドリブルでチャンスを作り、決定力もあります。まだ不動のレギュラーとは言えませんが、マインツの大躍進に欠かせないタレントに、ぜひ注目して欲しいと思います。

若い力で大旋風を巻き起こしているドルトムントの中盤にも注目の選手がいます。ひとりは、18歳にしてすでにチームの中心選手となったマリオ・ゲッツェ（1992年生まれ）です。ゲッツェは15歳のときから常に年代別代表でプレーしてい

レヴァークーゼン戦の勝利を喜ぶマインツＦＷアダム・シャライ（左）とＭＦルイス・ホルトビー（右）

るドルトムントのユース出身のタレントで、ポジションは2列目ならどこでもプレーできます。そのテクニックとセンスは類稀なものがあり、クラブも代表もゲッツェに大きな期待をかけています。本来はセンターの選手なので、香川にとってみれば良きチームメイトであるとともに、良きライバルでもあります。実際、香川が故障で戦列を離れてからはゲッツェがその代わりとしてトップ下でプレーしています。

もうひとり、中盤のサイドでプレーするケヴィン・グロスクロイツ（1988年生まれ）も注目に値する若手選手と言えます。グロスクロイツもドルトムントのユースで育った選手ですが、2年だけロート・ヴァイス・アーレンというクラブでプレーした後、09－10シーズンに復帰を果たしました。中盤のサイドというよりも、3トップのサイドアタッカーと言ったほうが適しているプレースタイルで、チームではスピード豊かなサイド攻撃の起点となっています。いずれブンデスリーガを代表するサイドアタッカーとなることは間違いないと思います。

レヴァークーゼンにも、注目の若いタレントがいます。シドニー・サム（1988年生まれ）がその選手です。サムはハンブルガーSVのユースで育った選手で、一度カイザースラウテルンにレンタルされた後、10－11シーズンからレヴァークーゼンに加入しました。レヴァークーゼンでは着々と成長を遂げ、シーズン途中からは完全にスタメンを確保。サイドでもセンターでもプレーできるうえ、ゴールを奪う能力も高い選手です。年代別代表にも選ばれており、今後ブレイクする可能性は十分です。

そして、すでにニュルンベルクの中心として大活躍しているのが、1990年生まれのイルカイ・ギュンドアンです。トルコ系ドイツ人の彼は09－10シーズンにボーフムからニュルンベルクに加入しましたが、創造性豊かなゲームメイク能力で今では中心選手に成長を遂げています。これまで年代別代表はドイツを選択していますから、いずれは第2のエジルと呼ばれる日がくるかもしれません。

その他、共にミュンヘン1860で育った双子の兄弟、ドルトムントのスヴェン・ベンダーとレヴァークーゼンのラース・ベンダー（1989年生まれ）も注目の若手MFです。特にドルトムントでプレーするスヴェンは10－11シーズンに急成長を遂げている選手で、当初レギュラーだったキャプテンのセバスティアン・ケールが故障したことで完全にボランチのポジションを確保。ケー

ボルシア・ドルトムント所属の香川の同僚、ケヴィン・グロスクロイツ（左）とマリオ・ゲッツェ（右）

ルが故障から復活した後も、スタメンの座をキープしています。すでに代表にも招集されるようになり、今後がとても楽しみな選手になりました。一方、レヴァークーゼンのラースはまだレギュラーを確保するには至っていませんが、こちらもスヴェンに負けない能力を持っているボランチの有望株です。

また、バイエルンのトニ・クロースの弟であるフェリックス・クロース（1991年生まれ）も兄よりも才能に恵まれていると評されており、所属のブレーメンでも出場機会が増えています。こちらも注目の若手MFとして挙げておきたいと思います。

あるいはシュトゥットガルトでケディラの後釜として期待され、代表入りも果たしているクリスティアン・トレーシュ（1987年生まれ）、ボルシアMGのマルコ・ロイス（1989年生まれ）やパトリック・ヘアマン（1991年生まれ）あたりも、私が注目している有望な若手ミッドフィルダーたちです。

ローゼンハイム出身の双子の兄弟MF、弟のスヴェン・ベンダー（左）と兄のラース・ベンダー（右）

ブンデスリーガで注目のヤングプレーヤー［ＦＷ編］

ＦＷで注目すべき若手と言えば、やはりトーマス・ミュラー（１９８９年生まれ）を置いて他にはいないでしょう。今やバイエルンには欠かせないアタッカーに成長したばかりでなく、ご存知の通り、ドイツ代表として２０１０年ワールドカップでも活躍して世界中にその名を知らしめました。ダビド・ビジャ（スペイン）、ウェスレイ・スナイデル（オランダ）、ディエゴ・フォルラン（ウルグアイ）と並び、大会通算5得点で得点王に輝いたばかりか、ゴールデンブーツ賞とベストヤングプレーヤー賞のダブル受賞を成し遂げました。20歳（大会当時）でのゴールデンブーツ賞受賞は史上最年少記録となっています。

これだけのビッグネームになったので、ここでは敢えてトーマス・ミュラーを注目の若手とは言わず、その他で私が注目する有望な若手ＦＷを紹介したいと思います。

その筆頭株が、これから大ブレイクする予感がプンプン漂っているハンブルガーＳＶの韓国人ＦＷソン・フンミン（１９９２年生まれ）です。実は、ソン・フンミンは16歳のときにハンブルグのU17でプレーし、その能力の高さが評価されてU19でもプレーしていたことがあります。その後、一度韓国に戻って高校を卒業。２０１０年1月に正式にハンブルグに加入しました。

ソン・フンミンがドイツで注目され始めたのは、10－11シーズンの開幕前に行われたプレシーズンマッチのことでした。速くて切れ味の鋭いドリブルとシュート力を最大の武器とするソン・フンミンですが、プレシーズンマッチではチームのエースであるファン・ニステルローイを上回るゴール数を叩き出し、センセーショナルな活躍をしました。ファン・ニステルローイも「彼は間違いなく将来ハンブルガーＳＶの顔になるタレントだ」とコメントしたほどで、とにかくその能力の高さは驚きに値します。

残念ながら、そのプレシーズンマッチの最中に怪我をしてしまい、ブンデスリーガ・デビューはしばらくお預けとなってしまいましたが、第10節のアウェイでのケルン戦でようやく復帰。その試合でスタメン出場を果たしたばかりか、自らゴールを決めて華々しいデビューを飾りました。

トッププレーヤーが多いハンブルグなので、まだ完全にレギュラーの座を獲得したとは言えませんが、ここまでは主に右サイドアタッカーとして期待以上のプレーを見せており、すでにドイツで

ファン・ニステルローイがその才能に太鼓判を押すハンブルガーＳＶの韓国人ＦＷソン・フンミン

は香川に匹敵するほどの若手外国人選手として注目されています。また、アジアカップでも韓国代表として日本戦を含む４試合に途中出場するなど、いずれはライバル韓国の要注意人物として注目せざるを得ない時がやってくることは間違いなさそうです。

その他で注目して欲しいのは、マインツでプレーするアダム・シャライ（１９８７年生まれ）とアンドレ・シュアレ（１９９０年生まれ）の若手コンビです。マインツではトップ下の選手としてホルトビーを紹介しましたが、ＦＷのポジションでも優秀な若手がプレーしています。

まず、シャライはハンガリーの選手で、これまでシュトゥットガルトⅡ（シュトゥットガルトのBチーム）やレアル・マドリーのリザーブチームでプレーし、09－10に加入したマインツで頭角を現しました。今ではチームのファーストチョイス

スリートップのサイドもこなすなど器用さを兼ね備えた大型ＦＷアンドレ・シュアレ

のＦＷとして活躍しており、いずれは移籍マーケットで名前が出てくることが予想される逸材です。

一方、シュアレはマインツのユース育ちで、ドイツの年代別代表にも選ばれている大型ＦＷです。ブンデスリーガ・デビューは同じく09－10シーズンで、シャライと2トップを張ることもありますが、基本的にはジョーカー的存在として活躍しています。得点能力が高い選手で、11－12シーズンからレヴァークーゼンに移籍することがすでに発表されており、まだまだこれから伸びる可能性のある注目株です。

もうひとり紹介しておきたい若手ＦＷは、ホッフェンハイムのペニエル・ムラパ（１９９１年生まれ）です。ムラパは、多くの優秀な若手を輩出する１８６０ミュンヘンで育ったトーゴ出身のストライカーで、10－11シーズンからホッフェンハイムでプレーしています。本職はストライカーのポジションですが、現在は右サイドのアタッカーとして定位置を確保。１９５センチという長身で豪快な突破を見せ、得点力の高さも示しています。

すでにU21ドイツ代表としてプレーしていますが、これからドイツ代表とトーゴ代表のどちらを選ぶのかという選択を迫られる日がくることでしょう。個人的にも、注目していきたい若手ストライカーのひとりです。

ブンデスリーガでは、ここに挙げた選手の他にも、まだまだ注目の若手選手はたくさんいます。先にも触れましたが、こういった若手選手の台頭が女性や子供といった新しいファン層を育て、リーグ全体を盛り上げているのです。ですから、これからブンデスリーガを見る際には、ぜひこのよう

トーゴ出身のホッフェンハイムのストライカー、ペニエル・ムラパ

な若いタレントに注目して欲しいと思います。

モダンサッカーを標榜するニューウェーブ系監督

優秀な若手選手だけでなく、現在のブンデスリーガは優秀な若手監督の存在を抜きに語ることはできません。その代表格が、ドルトムントのユルゲン・クロップ、マインツのトーマス・トゥヘル、フライブルクのロビン・ドゥットといったニューウェーブ系の指導者です。

彼ら3人に共通しているのは、現役時代のときはそれほど目立った活躍をしていなかった点、トップチームで指揮を執る際に若手選手を積極的に起用する点、そして、国際舞台で十分に通用するようなモダンなサッカーを標榜している点などです。

これまでドイツでは、やや古いサッカーをする指導者が幅を利かせていた時代が長かったため、国際舞台で取り残されていた部分がありました。しかし、最近は彼らのようにモダンサッカーを実践している若い指導者が増えてきて、それがブンデスリーガ全体のレベルアップにつながっていることは間違いありません。ここに挙げた3人の監督が率いる3チームが、いずれも10－11シーズンで躍進を遂げていることは決して偶然ではないのです。

ドルトムントを率いるユルゲン・クロップ監督は、その中でも最も成功している若い指導者だと言えるでしょう。

１９６７年生まれのクロップが指導者として最初に率いたチームは、自らが現役を退いたマインツでした。当時２部だったマインツを３年かけて１部に昇格させると、ブンデスリーガでは若い選手を使いながらモダンなサッカーで旋風を起こし、２シーズンに渡って１部残留を死守したのです。現在ドルトムントに所属するエジプト代表のモハメド・ジダンもそのひとりです。

さすがにブンデスリーガ３シーズン目で降格となってしまいましたが、マインツを率いた８年間の仕事ぶりについては誰もが高い評価を与え、マインツを離れるとすぐにドルトムントに引き抜かれることになりました。

そして、10－11シーズンは彼の監督としての才能が本当の意味で開花したシーズンだと言えます。若手を中心にスピードがあって運動量があるモダンなサッカーで勝ち点を積み重ね、前半戦を終えた段階で首位を独走するほどのチームを作り上げたのです。早くもドイツ代表レーフ監督が後継者として名前を挙げるなど、クロップがこれから国際的な知名度を挙げていくことはほぼ確実だと言えます。

そのクロップの後を引き継いで、マインツを率いているトーマス・トゥヘル監督も若くて優秀な指導者のひとりです。年齢はクロップよりも若く、まだ37歳（１９７３年生まれ）。ただ、トゥヘルの場合は24歳で現役を退いているため、指導歴はもう10年を超えています。また、トゥヘルは育成年代の指導歴が長いのが特徴で、シュトゥットガルトやマインツの育成年代を指導した他、ザマーが統括する育成プロジェクトの地域コーディネーターとしても経験を積んでいました。そして、36歳の若さでマインツのトップチームの監督に抜擢されると、2シーズン目の10-11シーズンは、さきほど紹介したホルトビー、シャライ、シュアレといった若いタレントを積極的に起用してリーグで旋風を巻き起こしています。

これまでのドイツでは、実績のある選手を中心にしてまずチームを作り、その中に少しずつ若い選手を使っていくというスタイルが主流でした。しかし、これはクロップにも共通している傾向なのですが、トゥヘルは躊躇なく若い選手を主力として扱ってチーム作りを行っているのです。ドルトムントとマインツではクラブの規模が違いますが、彼らのチーム作りの方法は、まさに育成改革を進めるザマーの考え方を体現していると言っても過言ではありません。

マインツのトーマス・トゥヘル監督（左）とボルシア・ドルトムントのユルゲン・クロップ監督（右）

そしてもうひとり、矢野がプレーするフライブルクを率いるロビン・ドゥット監督も若くて新しい流れの指導者と言えます。１９６５年生まれのドゥットはインド系ドイツ人で、同じく現役時代は無名でしたが、ユースの育成を経験した後、長期政権が続いたフォルカー・フィンケの後継者として08－09シーズンにトップチームの監督に抜擢されました。若手を積極的に起用することで10－11シーズンの前半戦でチームを躍進させたため、ドイツ国内でも一躍注目されるようになった指導者です。

ここに挙げた３人以外にも、まだまだこれから若い監督が何人も台頭してくることは確実で、そういう面でもブンデスリーガとドイツサッカーの未来は明るいと言えます。

スペインでも成功を収めた名将ユップ・ハインケス

若い力の台頭が際立っている現在のブンデスリーガではありますが、その一方で名監督と呼ばれる指導者が存在感を示していることも見逃すわけにはいきません。その代表格が、ユップ・ハインケスとフェリックス・マガトの２人だと思います。

バイヤー・レヴァークーゼンを率いるハインケス監督は、１９４５年生まれの大ベテランの指導者ですが、ベテランという言葉が与える古臭いイメージとは裏腹に、実にアグレッシブでモダンなサッカーを実践しています。おそらく、それができる理由として考えられるのは、ハインケスがドイツ人監督としては珍しい指導キャリアの持ち主だからではないでしょうか。

ボルシアMGのストライカーとして、また旧西ドイツ代表としても活躍した現役時代のハインケスについては今さら説明するまでもありませんが、監督になってからの実績もドイツ屈指の輝かしさがあります。最初に指揮した古巣ボルシアMGで十分な実績を積んだ後、その手腕が評価されてバイエルンの監督に就任。バイエルンでは2度のリーグ優勝を果たしています。そして、その後ハインケスは主にスペインを舞台に手腕を発揮したわけですが、当時ドイツ人がスペインで監督をする例はほとんどありませんでした。

中でもカナリア諸島にある小さなクラブ、テネリフェを率いた時代にチームをUEFAカップに導いたことと、レアル・マドリーの監督としてチャンピオンズリーグを制したことは、彼のキャリアの中でも特筆すべき部分です。当時まだ3バックが主流だったドイツ勢が他の強豪国に遅れをとっていた時代なので、帰国後にハインケスが90年代のスペインサッカーをドイツに持ち込んだことは大きな功績だと言えます。

実際、ハインケスに直接会ってインタビューした際、こんなことを言っていました。

「(私にとって)うまい具合に役に立つことになったのは、ドイツが有する典型的な長所や魂をスペインに持ち込むことができたことと、またその逆に、スペインで多くのことを学べたことです。そこで学び、身につけたことを、私はドイツで選手に伝えているのです」

つまりハインケスは、当時ドイツの武器だったフィジカルやメンタルのタフさをスペインに持ち込んで融合させ、今度はスペインの特徴であるクリエイティブな技術面をドイツに持ち帰った、ということです。

ハインケスは現役時代から完璧主義者で、それは指導者になってからも変わりません。これは本人も認めていましたが、その完璧さが時に自らの気力や体力を消耗させてしまうこともあるそうです。私から見ても同じ印象があって、ハインケスがスペインから戻ってシャルケを率いた時、チームの財政事情で若手中心のチーム作りを進めたのですが、それを追求し過ぎてしまって一部のベテラン選手から反感を買ってしまったことがありました。それが原因となって、ハインケスは珍しく短期間で解任されています。

しかし、現在率いるレヴァークーゼンではその経験を生かして、若手を積極的に起用しながら素晴らしいチームを作っています。戦術はオーソドックスですが、コンパクトで活動量があって、攻守の切り替えも早い現代サッカーのベースとなる部分をしっかり選手が実践できています。実際にハインケスの練習も見学させてもらいましたが、今のサッカーにマッチした練習メニューを組んでいました。

本人は「もう体力的にも厳しいんだ」と笑っていましたが、私個人としては、ハインケスならまだまだブンデスリーガの最前線で活躍できると思っています。

厳しい練習で鍛え上げ、タイトルに導く名将マガト

ハインケスよりも少し若いですが、シャルケを率いるフェリックス・マガト監督もブンデスリーガの重鎮と呼ぶべき名監督のひとりです。マガトは、ヴォルフスブルクを率いていた時代に長谷部や大久保を獲得し、シャルケでも内田を獲得した監督なので、日本のファンの人にも知られた名前だと思います。

マガトは現役時代も80年代を代表する名選手で、ハンブルガーSVの英雄であり、また旧西ドイツ代表としても2度のワールドカップに出場するなど地位も名誉も手にした偉大な選手でした。そして指導者に転身してからも多くのクラブで経験を積み、01－02から率いたシュトゥットガルトを

２位に導いたのを皮切りに、バイエルン、ヴォルフスブルクと、次々とチームをリーグ優勝に導くなど、今、最もブンデスリーガで評価の高い監督になったと言えるでしょう。

とにかく練習の厳しさは天下一品で、スター選手が多いバイエルンではそれが主力選手の反感を買ってしまい、チームを去らざるを得なかったということもありました。近年のサッカー界は過密日程なので、比較的コンディション調整という部分を重視した練習をする指導者が増えているのですが、このマガトに限っては過密日程もお構いなし。１日３回の練習をすることもあり、今でも自己流の厳しい指導を貫いています。

マガトがシャルケを率いるようになったのは09－10シーズンからですが、初年度に優勝できなかったために多くの選手を放出しました。タイトルを獲得するためには必要がないと判断した選手は容赦なく切り捨て、２年目の10－11シーズンは半分以上の選手を入れ替えて新たなチームを作っています。基本的には内田のような若手を積極的に起用していますが、私がポイントだと思うのはラウールの存在です。マガトが行う厳しい練習を、あのラウールが文句ひとつ言わずに黙々とこなしているのですから、それを見た若手がついていかないはずはありません。ラウールのそういうパーソナリティを知っての補強だとは思いますが、実際、その効果はシーズン中盤から出始めるようになりました。

個人的に知り合いではないのでマガトの本当の性格まではわかりませんが、基本的には真面目な指導者という印象があります。かつて目にしたインタビューで、マガトが日本人を好む理由として

「日本人は戦術的な指示をきっちり守るからだ」という内容の記事を読んだことがあります。そういう意味ではヴォルフスブルクの長谷部などは、その典型的な例だと言えるのではないでしょうか。

いずれにしても、マガトが現在のブンデスリーガの監督の中で、最も結果を残し、最も高い評価を受けていることに異論はないと思います。

テレビ中継によって勢いを増したブンデスリーガ人気

ここからは少し視点を変えて、ブンデスリーガの人気を支えているテレビの存在について触れたいと思います。

昔は試合のテレビ中継をするとスタジアムの集客力が低下するという固定観念を持っていたドイツ人でしたが、実際にテレビの生中継がスタートすると、観客数が低下するどころか、テレビの影響で観客数は増加傾向にあります。これはどの国でも同じだと思いますが、テレビ中継によってより多くの人がブンデスリーガを目にする機会が増えた結果、チームや選手に興味を持った新しいファン層の人々に、今度は実際にスタジアムに行ってみたいと思わせる良いきっかけを作っているからだと思います。

では、本国ドイツの人々はどのようにブンデスリーガをテレビで楽しんでいるのか、その辺りのことから紹介したいと思います。

現在ブンデスリーガの試合の放送権を持っているのは「ＳＫＹ」という衛星有料放送テレビ会社で、いわゆる無料の地上波放送では見ることができません。もしブンデスリーガを自宅のテレビで見たいと思ったら、「ＳＫＹ」と契約して、有料で視聴することになります（以前は「プレミアレ」という衛星有料チャンネルで放送していました）。日本で言う「スカパー！」や「ＷＯＷＯＷ」のような会社と考えると、イメージしやすいかもしれません。

もちろん、ブンデスリーガ以外の試合、たとえばチャンピオンズリーグ、イングランドのプレミアリーグ、スペインのリーガ、イタリアのセリエAなど、ヨーロッパカップや他国の主要リーグをまとめて視聴できるサッカーセットも用意されています。現在、そのサッカーセットの料金は月額およそ1万円。日本よりも若干高めになります。

その一方で、自宅ではなく、地元にあるスポーツバーやロカールでライブ中継を楽しむ人もたくさんいます。ひとりで見るよりも大勢でビールを飲みながら観戦するほうが好きだというドイツ人が多いため、最近は「ＳＫＹ」のマークを店先の看板に掲げたお店を街中のあちらこちらで見かけるようになりました。

また、ブンデスリーガの試合も、他国と同じくテレビ中継ありきで日程が組まれています。ただ、他国と違うのは、土曜と日曜以外に、金曜の夜にも必ず1試合が行われるということです。まだテレビ中継がなかった頃のドイツでは、ブンデスリーガの試合は土曜日に行われるのが基本で、日曜日には2部以下のリーグが行われていました。しかし、今ではブンデスリーガの試合が週末3日間に渡って開催されるうえ、ブンデスリーガ2部は金曜から月曜日の夜までの計4日間に分散しています。つまり、チャンピオンズリーグやヨーロッパリーグが開催される週だと、月曜から丸1週間毎日サッカーを見ることができるという、ファンにとっては堪らない状況になっているのです。

年々高額になっている放送権料と各クラブの収入

見る側にしてみれば何とも喜ばしい状況ですが、プレーする選手は大変です。ただ、彼らの高額な給料の元となっているのがテレビ局からリーグに支払われる莫大な放送権料なのですから、この状況は仕方がないのかもしれません。

しかも、ブンデスリーガの人気が過熱していることもあって、その放送権料は年々上昇する傾向にあります。現在、「SKY」とリーグは2010年から2013年までの4シーズン分の契約を交わしていて、その金額はトータルで16億5500万ユーロ（約1815億円）。まさに天文学的な金額になっています。ちなみに、年ごとの契約金額は次のように発表されています。

2010年＝3億9000万ユーロ（1部……78・44％、2部……21・56％）

２０１１年＝４億７０００万ユーロ（１部……79％、２部……21％）
２０１２年＝４億１８００万ユーロ（１部……79％、２部……21％）
２０１３年＝４億４０００万ユーロ（１部……79％、２部……21％）

各年の契約金額は、カッコ内の割合でブンデスリーガの1部と2部に分配され、さらにそこから各クラブに分配される仕組みになっています。

次のページにある**表2**は、09－10シーズンにおける各クラブのテレビ放送権収入を示したもので、カッコ内のパーセンテージはブンデスリーガ1部と2部に分配された金額を各クラブに分配する割合となっています。全国区の人気を誇るバイエルンが最も高い割合になってはいますが、他のリーグと比べるとクラブ間の差がそれほど大きくないのがブンデスリーガの特徴だと言えます。

ちなみに、10－11シーズンは2部で戦っているヘルタBSCベルリンが10位に位置し、逆に1部で旋風を巻き起こしているマインツは15位となっていますが、その理由は、この割合が過去4年間で算出した独自のポイント数によって決められているからです。

最下位のフライブルクにしても、1シーズンあたりのテレビ放送権収入が約13億円もあるわけですから、現在ブンデスリーガが置かれている環境がいかに豊かであるかがよくわかると思います。

表２「09-10 シーズンにおける各クラブのテレビ放送権収入」

順位	チーム名	金額	割合
1	バイエルン・ミュンヘン	23,443,200 ユーロ	5.76%
2	シャルケ 04	22,792,000 ユーロ	5.60%
3	ハンブルガーＳＶ	22,792,000 ユーロ	5.44%
4	バイヤー・レヴァークーゼン	21,489,600 ユーロ	5.28%
5	ヴェルダー・ブレーメン	20,838,400 ユーロ	5.12%
6	VfL ヴォルフスブルク	20,187,200 ユーロ	4.96%
7	VfB シュトゥットガルト	19,536,000 ユーロ	4.80%
8	ボルシア・ドルトムント	18,884,800 ユーロ	4.64%
9	アイントラハト・フランクフルト	18,233,600 ユーロ	4.48%
10	ヘルタ BSC ベルリン	17,582,400 ユーロ	4.32%
11	ハノーファー 96	16,849,800 ユーロ	4.14%
12	VfL ボーフム	16,117,200 ユーロ	3.96%
13	TSG1899 ホッフェンハイム	15,384,600 ユーロ	3.78%
14	ボルシア・メンヘングラートバッハ	14,652,000 ユーロ	3.60%
15	1.FSV マインツ 05	13,878,700 ユーロ	3.41%
16	1.FC ケルン	13,105,400 ユーロ	3.22%
17	1.FC ニュルンベルク	12,413,500 ユーロ	3.05%
18	SC フライブルク	11,721,600 ユーロ	2.88%

過去４年間のポイントによって放映権が分配されるため、現在２部のヘルタ・ベルリンが 10 位となるなどの現象が起こる

絶大な人気を誇るサッカー討論番組「ドッペルパス」の魅力

試合の中継以外でも名物サッカー番組があります。１９９５年から始まって、今も根強い人気を誇っている「ドッペルパス」というサッカー討論番組がそれです。この「ドッペルパス」という番組名は日本語で〝ワンツーパス〟を指すドイツ語で、地上波の「スポーツ１」というチャンネルで日曜の午前11時から2時間に渡って放送されています。

番組では、毎週旬なテーマを決め、司会者が作る流れに合わせて御意見番のウド・ラテックがゲストと鋭い議論を繰り広げるのですが、その議論の内容がとても興味深く、多くの視聴者の支持を集めています。ラテックは70年代にバイエルンを率いて３連覇を達成するなど一時代を築いた名監督で、彼の歯に衣着せぬ鋭いツッコミが番組の肝になっています。

基本的に、ドイツ人は議論をするのが大好きな国民なので、議論の内容は日本的な当たり障りのないものではなく、見ている人が関心を寄せていることについて核心を突くような意見を言い合っています。

たとえば、最近では「バイエルン・ミュンヘンが低迷しているのはなぜか」というテーマで、ゲストにウリ・ヘーネスを呼んで議論が行われました。その中でラテックに突っ込まれたヘーネスが「監督のファン・ハールが人の意見を聞かないんだ」と発言。それが翌日の新聞の話題にもなりました。そもそもクラブの重要人物がテレビで堂々とそういう大胆発言をすること自体が日本では考

えられないことですが、その発言を引き出すラテックのキャラクターこそが、この番組が長年に渡って根強い人気を誇っている最大の理由だと感じます。

この番組が始まる以前は、土曜日の夜に国営放送でブンデスリーガのハイライトが放送されていて、そこにゲストが出てきて議論をするという番組が放送されていました。当時からスタジオにお客さんを呼んで討論をする公開番組になっていたので、おそらく「ドッペルパス」の原点はそこにあったのだと思います。

ちなみに、ドイツの国営放送はチャンネル1の「ARD」と、チャンネル2の「ZDF」になります。その他、「RTL」というテレビ局で最近話題となったのは、2010年ワールドカップの解説を担当したドルトムントのクロップ監督でした。彼の鋭い解説と見識のある発言が話題を呼び、結果、監督としての株もさらに上昇しました。通常、ブンデスリーガの中継は実況ひとりの声で放送されており、ワールドカップのような国際試合だけ解説者を加えて中継されるのがドイツ式です。そこは日本と大きく異なる点ですが、逆に言えば実況アナウンサーの能力が非常に高いということの証明とも言えます。また、最近はそこに女性リポーターを加えるというスタイルが流行しているようです。

観戦には欠かせないドイツ最大のスポーツ誌「キッカー」

紙媒体として、長くファンに愛されているドイツ最大のスポーツ雑誌がニュルンベルクに本社を置く「キッカー（ｋｉｃｋｅｒ）」誌です。雑誌と言っても半分は新聞のような作りになっているのですが、日本でこのようなスタイルの紙媒体を見たことはありません。カラーページとモノクロの新聞紙のようなページで全体が構成されていて、地方によって表紙や一部の記事を変えて発行されています。1週間に2回、月曜日と木曜日に発売され、値段は96ページの月曜版が2・3ユーロ、48ページの木曜版が1・8ユーロ（２０１１年時点）。キオスクやブックショップなどで売られています。

キッカー誌が創刊したのは、今から90年以上も前の１９２０年7月14日のこと。第一次世界大戦後から現在まで続いているのですから、その歴史と伝統は世界的に見ても並外れたメディアであることは間違いありません。もちろんデジタル時代となった現在においても、WEBサイトとともに読者から絶大な信頼を集めています。内容は、基本的に月曜版では週末に行われたリーグ戦の詳細を中心に構成され、木曜版は水曜までに行われたチャンピオンズリーグの詳報や特集記事が掲載されます。

もちろん、各号には興味深い特集記事や旬な選手や監督のインタビュー記事もあるので、内容は盛りだくさん。チームや選手個人のデータも豊富で、しかもサッカー以外のスポーツの記事も2割程度ありますので、読み応えは十分です。

また、他の国と同じように、各メディアが選手の採点を行っていますが、やはりドイツではキッカー誌の採点が最も信頼性が高いと認識されています。ですから、選手たちもキッカーの採点を気にしているようで、キッカー誌が主催して決定する年間最優秀選手賞を受賞することは、選手にとってかなりのステータスとされています。

なお、キッカー誌における試合記事の見方については巻頭のカラーページで紹介していますので、それを覚えておくと現地に観戦に行った際に役立つと思います。ドイツ語がわからない人でも基本的な試合情報と各選手の評価は理解できるはずです。

巻頭のカラーページで香川真司の特集を組むドイツ最大のスポーツ雑誌「キッカー（kicker)」誌

発行は、値段が２．３ユーロの月曜版（左）と、１．８ユーロの木曜版（右）の週２回刊

スキャンダル記事を得意とするスポーツ紙「ビルト」

キッカー誌が硬派な媒体だとすれば、もうひとつドイツ人に大人気の「ビルト（Ｂｉｌｄ）」はスキャンダル記事が満載のスポーツ新聞と言えます。

ビルト紙は１９５２年に創刊したタブロイドの日刊スポーツ新聞で、ヨーロッパで最も売れている新聞と言われています。キッカー誌のような専門的な記事は少ないのですが、ブンデスリーガの試合情報もしっかり掲載されていて、選手の採点もあります。そして、最もビルト紙が得意としているのがスキャンダルネタのスクープ記事で、サッカー選手がネタにされることもしばしばです。浮気ネタはもちろん、ナイトクラブで夜遊びした選手のスクープなども頻繁に掲載され、それが人気の秘密とされています。

ビルト紙がサッカー選手をかっこうのネタとして狙う理由は、やはりドイツにおけるサッカーは他のスポーツとは別格扱いで、一般的なドイツ人にとってプロサッカー選手は特別な存在だからなのだと思います。そもそも普通の人では考えられないようなお金を稼いでいるのですから、メディアに狙われること自体は有名税なのです。

最近では、フランクフルトに勝利したシャルケの選手たちが、その晩遅くまでナイトクラブで遊んでいたことがビルト紙にスクープされたことがありました。すると、その記事を読んだマガト監督が激怒し、選手に与える予定だった休日を返上させたという事件に発展しました。選手もたまに

Carl Gustafs Geliebte spricht

Samstag, 13. November 2010 0,60 €

Bild

UNABHÄNGIG ÜBERPARTEILICH

KÖLN

www.bild.de

Sarah Connors Schwester hat sich von ihm getrennt

WM-Star Özil Liebes-Aus!

Das Nerven-Derby

Heute muss der FC brennen

Dortmund – HSV 2:0

Irrer Klopp-Ausraster

„Achtung Deutschland: Jetzt komme ich!"

HAYE vs. HARRISON

TV-TIPP

Ich bin kein komischer Kauz!

Zahl der Geburten auf Rekordtief

Frauen wollen eine Nacht mit George Clooney

NACHRICHTEN

Euro-Krise

Müssen wir jetzt auch noch die Iren retten?

Mein Leben in der Lindenstraße

Volks Kaffeemaschine

ヨーロッパで最も売れている新聞と言われるタブロイドの日刊スポーツ新聞「ビルト（Bild）」紙

は息抜きもしたいのでしょうが、それを見つけてくるビルト紙の取材力には脱帽としか言いようがありません。

珍しいネタとしては、２０１０年ワールドカップの際、ハノーファーの水族館にいたタコのパウル君に勝敗予想をさせ、それがことごとく的中したことが世界的ニュースになったこともありました。日本でもそのパウル君が死んだことまでニュースになりましたが、ビルト紙はそういうネタを拾ってくるのが大得意なのです。

もしドイツに行くことがあったら、ぜひ一度ビルト紙を買ってみて欲しいと思います。よく知っている選手のスキャンダル記事が掲載されているかもしれません。

一度は訪れてみたいブンデスリーガのお勧めスタジアム

最後に、実際にドイツに行って、一度は訪れて欲しいと思うお勧めのスタジアムをいくつか紹介したいと思います。

ドイツは２００６年にワールドカップの開催国となったので、その多くがモダンで新しいスタジアムになっています。収容人数も増え、それが世界ナンバーワンの観客動員数を誇るようになった背景のひとつになっています。

中でも、超近代的なスタジアムとしてお勧めしたいのが、バイエルン・ミュンヘンのホームスタジアム、アリアンツ・アレナです。この6万6000人を収容するサッカー専用スタジアムの特徴は、半透明の特殊フィルムで覆われたその外観にあります。スタジアムを覆うそのフィルムは、昼間は白なのですが、バイエルンが試合をする日の夜になると真っ赤にライトアップされます。また、同じミュンヘンの1860ミュンヘンが試合をする日の夜はブルーに染まるという工夫も施されています。

このスタジアムがオープンした2005年5月以前は、両チームともオリンピア・シュタディオンを使用していましたが、1974年のワールドカップで使用されたそのスタジアムには陸上トラックがあり、サッカー観戦には不向きな部分がありました。もちろん、数多くの名勝負の舞台と

超近代的スタジアムとして名高いバイエルン・ミュンヘンのホームスタジアム、アリアンツ・アレナ

なったオリンピア・シュタディオンも味わいのある名物スタジアムでしたが、やはりサッカー専用のアリアンツ・アレナにはかないません。アリアンツ・アレナはスタンドとピッチの距離も近く、臨場感も抜群。ただ、バイエルンの試合は必ずと言っていいほど満員になるので、観戦チケットはなるべく早い段階で買っておくことをお勧めしておきたいと思います。

香川がプレーするボルシア・ドルトムントのズィグナル・イドゥナ・パルクも、一度は行って欲しいスタジアムです。

このスタジアムは、ネーミングライツがない時代には、ヴェストファーレン・シュタディオンという名で世界的に知られたドイツを代表する名物スタジアムでした。２００６年のワールドカップでは、日本代表がブラジル代表と戦った舞台にもなりました。

また、このスタジアムは１９７４年ワールドカップの際にドイツで最初のサッカー専用スタジアムとして建設され、その後改装を重ねて、現在の収容人数は８万３０００人にまで拡張されています。スタンドの傾斜が急で、それによって生まれる臨場感は何とも表現しがたいほどの興奮を誘います。しかもドイツ屈指の熱狂的サポーターが毎試合スタンドを埋めつくすため、迫力は満点。この熱狂的なスタジアムで香川が大活躍しているのですから、日本人のサッカーファンなら行かない理由はないと思います。

また、内田が所属するシャルケ04のホームスタジアム、ヴェルティンス・アレナも熱狂度では負けていません。このスタジアムは２００１年にオープンしたドイツ初の開閉式屋根付きドーム型スタジアムになっています。最大の特徴は、可動式の芝生部分をスタジアム外に移動させ、屋外で芝生の養成を行うことができるハイテクスタジアムという点です。収容人数も6万1000人と、ドイツ屈指のキャパシティーを誇っています。

その他では、カイザースラウテルンのホームスタジアム、フリッツ・ヴァルター・シュタディオンもお勧めです。ここは2006年ワールドカップで日本がオーストラリアと対戦したスタジアムなので、覚えている人も多いかもしれません。個人的にお勧めしたいのは、もちろん昔ながらの雰囲気を残すスタジアム自体も良いのですが、やはりここはスタジアムまでの道のりが味わい深いところです。スタジアムが高台にあるので、最初はスタジアムがまったく見えない道を歩いていくと、そのうち目の前に突然スタジアムが現れるのです。その瞬間の感動は、サッカー好きにとっては堪らないと思います。

とにかく、現在のブンデスリーガのスタジアムはどこも専用スタジアムに変わってきているので、期待を裏切るようなことはほとんどないと思います。新しくなったサッカー専用スタジアムで、臨場感たっぷりのサッカー観戦を体験して欲しいと思います。

Kolumne 2
コラム2

クラブのニックネームあれこれ

チーム名	ニックネーム	意味・由来
バイエルン・ミュンヘン	Bayern（バイエルン） Rekordmeister（レコードマイスター） FC Hollywood （エフツェー・ハリウッド）	地域名 記録保持者 ＦＣハリウッド （勝てない時の皮肉的愛称）
ボルシア・ドルトムント	Schwarz-Gelben （シュバルツ＝ゲルベン）	黒黄色 （チームカラーの由来）
バイヤー・レヴァークーゼン	Werkself （ヴェルクエルフ）	工場イレブン (バイヤー社工場に由来)
1．ＦＣケルン	FC（エフツェー） Geißböcke（ガイスヴェッケ）	省略形 やぎ（マスコットに由来）
ボルシア・メンヘングラートバッハ	Fohlen（フォーレン）	子馬、ロバ
シャルケ 04	Königsblan （ケーニクスブラウ）	王者の青
VfL ヴォルフスブルク	Wölfe （ヴェルフェ）	狼 （地域名から連想）
VfB シュトゥットガルト	Schwaben（シュバーベン）	地域名
ハンブルガーＳＶ	Rothosen（ロートホーゼン）	赤パンツ
ヴェルダー・ブレーメン	Werderaner （ヴェルデラーナー）	チーム名の省略形
1．ＦＳＶマインツ 05	Karnevalsverein （カーニヴァルフェライン）	カーニバルクラブ （地元のイベントに由来）
1．ＦＣカイザースラウテルン	Roten Teufel （ローテトイフェル）	赤い悪魔 （ユニフォームの色が赤）
1．ＦＣニュルンベルク	Club（クルップ） Depp（デップ） Ruhmreiche（ルームライヒェ）	省略形 まぬけ 高名な
アイントラハト・フランクフルト	launische Diva（ラウニッシェ・ディバ） Adler（アードラー）	移り気なプリマドンナ 鷲（チームマスコットに由来）
ハノーファー 96	Roten （ローテン）	赤 （チームカラーに由来）
ヘルタＢＳＣベルリン	alte Dame（アルテ・ダーメ）	老夫婦
ＭＳＶデュイスブルク	Zebras （ゼブラ）	シマウマ （チームマスコットに由来）
アルミニア・ビーレフェルト	Ostwestfalen （オストヴェストファーレン）	地域名

3.Spieltag

第３章

ブンデスリーガと日本人の深い関係

香川真司の成功例で高まった日本人選手の需要

今、ブンデスリーガでは日本人選手の需要が急激に伸びています。言うまでもなく、その最大の要因は、ドルトムントの香川真司が開幕直後から予想以上の活躍を見せ、大ブレイクしたからに他なりません。

もちろん、これまでブンデスリーガでは何人もの日本人選手がプレーしてきたわけですが、そのほとんどの選手がそれなりの結果を残してきました。70年代後半に先陣を切った奥寺康彦以来、ドイツで日本人選手が評価されている理由です。

ただ、10－11シーズンはその約40年の歴史の中でも極めて特別なシーズンとなっていることは間違いありません。２００８年１月からヴォルフスブルクでプレーしている長谷部誠に加え、新たに香川、内田篤人、矢野貴章、相馬崇人がドイツに渡り、さらにその半年後の２０１１年１月には槙野智章、岡崎慎司、細貝萌の３人がそれに続きました。これにより、この１シーズンの間にドイツでプレーする日本人選手は８人となり、ブンデスリーガでは空前の日本人ブームと言うべき時代が到来しています。

そして、個人的にはこのタイミングで日本人ブームとなったことは、決して偶然ではないと考えています。たとえば、ブームの大きなきっかけを作った香川を例にしてみるとわかりやすいのですが、第一にその背景として挙げられるのは、日本人選手を獲得する際にはお金がかからない、という点です。

もともとドイツのクラブは、バイエルンのようなビッグクラブ以外は、選手の獲得資金が潤沢ではありません。そういう中で、各クラブはこれまで主に東ヨーロッパや南米を中心に、安くて能力の高い選手を探してきました。そしてそのターゲットが、香川のブレイクによって極東の日本に向けられるようになったのです。

ドルトムントが香川の獲得に支払った金額は、わずかに35万ユーロ（約３８００万円）とされています。これは、移籍金（正確には違約金）として支払ったのではなく、あくまでも選手を育てたクラブに発生する育成費として支払ったお金です。多くの日本人選手は所属のＪクラブと単年契約を結んでいて、さらに海外からオファーがあった場合は移籍金なしで移籍できるという条件を契約に盛り込んでいるケースが少なくありません。ですから、ほとんどの移籍にお金が発生することがなく、それはリスクなしで補強できるクラブにとって大きなメリットになっています。同時に、移籍する選手本人にとっても、海外挑戦のチャンスを掴みやすい環境になっているのです。

もちろん、Ｊクラブ側からしてみればメリットどころかデメリットのほうが多いので、喜ばしい状況とは言えないかもしれません。戦力ダウンはもちろんですが、人気選手をタダ同然で手放すことは、営業的にも大きな痛手となってしまうからです。

とはいえ、一度動き始めたこの流れを簡単に止めることはできないでしょう。結局、サッカーの世界ではヨーロッパの主要国でプレーすることが選手の目標になっているため、その主要国からオファーを受ければどうしても選手は行きたがってしまいます。安い金額で選手を手放さざるを得ないということの傾向は、なにも日本に限ったことではなく、たとえば東ヨーロッパの国々でも同じなのです。弱肉強食。ある意味、これは市場原理に則った傾向だと言えるでしょう。

また、今回ドイツに渡った日本人選手に共通しているのですが、若い選手であることも獲得する際のポイントになっているようです。若い選手は年棒も低いので、獲得したクラブとしても比較的安い年棒で契約を結ぶことができます。香川の年棒でさえ、複数年契約の推定約８０００万円と言われています。しかも、最近ドイツでは若い選手を中心にチームを編成するクラブが増えているので、若くて将来性のある日本人選手は、多くの面においてブンデスリーガの需要に合致しているというわけです。

外国人枠の撤廃と日本人の移籍を手掛ける代理人の存在

もうひとつ大きな背景になっているのが、ブンデスリーガが06－07シーズンから外国人枠を撤廃したことです。

ブンデスリーガの外国人枠については第４章で詳しく紹介しますが、それまではドイツも他のＥＵ（ヨーロッパ連合）諸国と同じように、ＥＵパスポートを所持する選手は外国人枠が適用されませんでした。しかし、06－07シーズン以降はＥＵ以外の国の選手も人数を制限することがなくなり、クラブは外国人を自由に登録することができるようになったのです。そして、この外国人枠の新ルールが適用されてからブンデスリーガに新天地を求めたのが、07－08シーズンにフランクフルトに移籍した稲本潤一と、ボーフムに移籍した小野伸二でした。

それに加えて、多くの日本人選手の移籍を手掛けている代理人トーマス・クロートの存在も見逃せない要因と言えるでしょう。

トーマス・クロートは、かつてケルン、ハンブルグ、ドルトムントなどでプレーしていた元代表選手で、現役を引退してからは代理人として活躍しているドイツ人です。ケルン時代には、奥寺康彦と一緒にプレーしていたこともあります。そして、当時チームメイトだったピエール・リトバルスキーをＪリーグに連れてきたことをきっかけに、ドイツと日本の架け橋として活躍するようになりました。以降、クロートは頻繁に来日しては現場に足を運んでいたため、日本サッカーについてはかなり精通しているようです。２００３年に高原がハンブルグに移籍したときもクロートが代理人を務めていて、以降、ドイツに渡ったほとんどの日本人選手の移籍にかかわるなど、現在のブンデスリーガにおける日本人ブームのキーマンとも呼べる存在になっています。

いくらドイツのクラブが日本人選手を欲しいと思っても、遠い極東の日本の情報はなかなか入手できるものではありませんから、日本で優秀な人材を見つけてドイツの各クラブに紹介する代理人の存在がなくては、なかなか移籍は実現しません。また、ブンデスリーガにおける日本人選手の需要を作ることもできません。

最近ではゲルト・エンゲルス（元浦和レッズ監督）がレヴァークーゼンのスカウト担当となり、さっそく細貝の移籍が実現しています。もともと日本とドイツの関係は歴史が古いので、今後もこのような架け橋となる人物がもっと増えてくることも考えられます。ブンデスリーガを目指す日本人選手にとって、また若くて才能のある日本人選手を求めるドイツのクラブにとっても、悪くない環境が整ってきたと言えるかもしれません。

もうひとつ、日本人選手の需要が高まっている要因として考えられるのが、最近のドイツサッカーが変化しているという点です。

第2章でも触れたように、現在のブンデスリーガはDFBが進める育成改革の成果が出始め、若くて優秀な選手や監督が数多く台頭してきています。それにより、ドイツサッカーはかつてのようなフィジカルに頼ったスタイルから、国際舞台でも十分に通用するような、速くてコンパクトで運動量のあるモダンなスタイルに切り替わってきました。つまり、最近のブンデスリーガのサッカーは、日本人選手にとってプレーしやすいスタイルに変わってきたのです。

もちろん、最低限のフィジカルはどうしても要求されますが、香川がプレーするドルトムントのサッカーがその典型であるように、基本的には技術とスピードが重要視されていることは見ての通りです。また、長谷部のように監督の指示に忠実に従ってプレーすることも、日本人選手の特徴としてドイツでは認識されています。真面目で常に全力を尽くす日本人の性質も、ブンデスリーガの適正に合致しているようです。

このように、現在ブンデスリーガで日本人選手の需要が高まっている裏には、そのような背景があります。この傾向が突然変わるとは思えませんから、しばらくは日本人選手の移籍ラッシュが続く可能性は高いと見ていいでしょう。

リーグ屈指の注目選手となった香川真司

10－11シーズンにおける香川のウィンターブレイク前までの成績は、ブンデスリーガ17試合すべてに先発出場し、８ゴールを記録。ヨーロッパリーグでも８試合出場で４ゴール。シーズン前半戦を終えての成績としては、申し分のない数字だと思います。ブンデスリーガ公式サイトの前半戦ＭＶＰ、キッカー誌が選ぶ前半戦の攻撃的ミッドフィルダーのＭＶＰを受賞したことは、まさしく香川がドイツでセンセーショナルな活躍をしたことの証と言えるでしょう。

ただ、当然のことながら移籍当初はドルトムントのサポーターでさえも香川の名前を知る人はあまりいませんでした。しかし、香川を獲得したクラブのフロント陣や現場スタッフは違っていたようです。香川獲得については、事前にクラブの強化担当が来日してプレーをチェック。自分たちでしっかりスカウティングをしたうえで、獲得に踏み切ったという経緯があります。ですから、サポーターやメディアは香川の名前を知らなくても、クラブは最初から香川の能力に確信を持っていて、クロップ監督も開幕戦から香川をスタメンで使うつもりだったようです。

そして、香川が初めてホームスタジアムのサポーターの前でプレーしたプレシーズンマッチの対マンチェスター・シティ戦。この試合で1ゴールを決めるなど上々のパフォーマンスを見せた香川に対して、ドルトムントの熱いサポーターたちも大きな期待を寄せるようになりました。実際、このプレシーズンマッチにおける活躍は、香川本人にとってとても重要だったと思います。この活躍があったからこそ、香川はチームメイトの信頼も勝ち取って、開幕戦でスタメンの座を確保するのみならず、チームの中心選手として活躍することができたのだと思います。

香川の魅力は、若いという部分はもちろんですが、やはりスピード、ドリブル突破、そしてシュートと、アタッカーとして必要な能力をほぼ兼ね備えていることだと思います。しかも、結果が何よりも重視されるヨーロッパサッカーでほぼ2試合に1ゴールのペースでゴールを量産しているのですから、文句のつけようのないパフォーマンスだと言えます。

特に相手ペナルティーエリアの中に入って、まったく慌てないところが香川の素晴らしいところだと思います。常に冷静さを保っていて、最後の最後までパスも出せるしシュートも打てる。そういう瞬時の判断力も持っています。いくらヨーロッパのプロサッカー選手といっても、相手のペナルティーエリアの中では緊張してシュートに余計な力が入ってしまったりするものです。でも、香川はフルパワーでシュートを打っていません。あの辺の落ち着きは才能と経験によるもので、なか

Kappa
EVONIK
BVB
09

なかできる選手はいないと思います。

ですから、当然ドイツにおける香川の評価は高いです。一度、クロップ監督が香川の良さについて聞かれた際、「彼にはゴールを決めるまでの道が見えている」というコメントで評価したことがあります。実際に香川のプレーを見ていても、香川はそういうイメージができていると感じます。たとえば、ゴール前で自分がゴールを決めようとする場面でも、周りのチームメイトがシュートした方が確実だと見るや、すぐに切り替えてパスすることもできます。クロップ監督も、香川はそれができる選手だと評価しているのです。これは、アタッカーとしては最高の評価なのではないでしょうか。

まだ半年間のプレーだけなので、それ以上の評価は控えたいと思いますが、21歳の香川の伸びしろは、まだまだあると思います。長くプレーしていれば自然にフィジカルも強くなるでしょうし、もう少しミスも減ると思います。また、パワーが付いてくれば、エリアの外からも強いシュートを狙えるようになるでしょう。

ドルトムントのサッカーでは、香川は攻撃の中心となっています。サイドからエースのバリオスに合わせるという得意パターンもありますが、攻撃を組み立てるとき、まずは香川にボールを預けることが暗黙の了解のようになっているようです。

明るい性格もチームに溶け込める要因となっていて、本人も毎日楽しくサッカーをしているようです。すでにイングランドやスペイン方面から移籍の噂が出始めているようですが、そのような中心選手をドルトムントも簡単には手放さないでしょう。今後も、きっと成長を遂げてくれる選手だと思います。

ご存知の通り、残念ながら香川は２０１１年アジアカップの最中に右足小指付け根を負傷。手術を受けるほどの大怪我を負って、しばらく戦列を離れることとなってしまいました。絶好調を維持していただけに､本人も相当なショックを受けたに違いありません。もちろんそれはクラブやサポーターも同じで、ドイツでも香川の故障はショッキングなニュースとして大々的に報じられました。

香川不在の間、クロップ監督はトップ下にゲッツェを、右サイドにはヤクブ・ブワシュチコフスキを起用することでしのいでいますが、優勝を狙うドルトムントにとって、香川不在は大きな痛手となったことは言うまでもありません。

香川本人は10－11シーズンが終了する前に復帰できるようリハビリに励んでいるようですが、とにかく1日も早い回復を祈るばかりです。

ところで、香川はリーグ戦17試合のうち10試合で途中交代しています。香川のファンからするとそこが心配になってしまうかもしれませんが、私はそれほど問題だとは思っていません。なぜなら、ほとんどの試合で香川に代わって途中出場している22歳のロベルト・レヴァンドフスキも評価が高い優秀な若手FWで、クロップ監督としても香川と競わせて使いたい選手のひとりだからです。

ポーランドで得点王になったレヴァンドフスキは、本来FWの選手なのですが、香川がプレーするトップ下でもプレーできるという器用な部分もあります。クロップ監督も、本音としては香川とレヴァンドフスキの両方を使いたいのだと思います。

もっとも、香川自身はそれを警戒してかフル出場を希望していたようです。もちろん90分間フルパフォーマンスをするスタミナがまだ不足している部分は否めませんが、これも時間が解決してくれることだと思います。

前半戦の香川のパフォーマンスを見れば、誰の目から見てもファーストチョイスは香川になります。生き馬の目を抜くヨーロッパサッカー界とはいえ、たとえ怪我で長く戦列を離れたとしても、香川がポジションを失うということはないでしょう。

4シーズン目を迎えた長谷部誠が現地で得ている評価

香川の活躍で日本では少し影が薄くなった印象がありますが、ブンデスリーガ4シーズン目となった長谷部誠も、ドイツでは高い評価を得ている選手です。

とりわけ長谷部にとって大きかったのは、2008年1月に移籍したヴォルフスブルクが、その翌08-09シーズンにクラブ史上初となるリーグ優勝を経験したことだと思います。この優勝については、ドイツ人でも予想する人がほとんどいなかったほど、ブンデスリーガ史上に残るようなビッグサプライズでした。そしてそれは、そのシーズンの主力メンバーとして優勝に貢献した長谷部の評価を高めるきっかけになりました。長谷部自身もいきなりブンデスリーガ優勝を経験したわけですから、ある意味、幸運にも恵まれていたと思います。

当時ヴォルフスブルクの監督を務めていたのは、現在内田がプレーするシャルケを指揮するフェリックス・マガト監督でした。マガトがどれほど厳格な指導者であるかはすでに紹介しましたが、マガトが最初の監督だったという点も、長谷部にとっては幸運だったのかもしれません。

ご存知の通り、長谷部は常にチームの勝利のために、監督の指示を忠実に守ることができる選手です。プレーの特長は、攻撃の際はつなぎ役に徹して自分が目立とうとするプレーをしないこと。そして守備の際にはいち速くポジションを取って相手のカウンターに

マガト監督の下、08-09シーズンをヴォルフスブルクで共に過ごした長谷部誠（左）と大久保嘉人（右）

備えたり、味方が空けてしまったスペースのカバーに入ること。とにかく、チームプレーに徹することが長谷部の武器になっています。大きなミスも少ないですし、地味に見えるかもしれませんが、監督の立場からすればチームに絶対に置いておきたい選手なのです。マガトが加入したばかりの長谷部を積極的に起用したのも、そういった長谷部の特長を認めていたからに他なりません。

実際、マガトがヴォルフスブルクでやっていたサッカーは、守備をベースにして縦への速いカウンターを狙うというスタイルでした。長谷部はそのサッカーにフィットしていましたし、他にも2トップのグラフィッチやエディン・ジェコがそのスタイルの中で実力を発揮し、ゴールを量産しました。長谷部は色々なポジションでプレーしていましたが、その2トップにボールを供給する役目もしっかりこなせていたと思います。

ただ、ヴォルフスブルクは毎シーズン監督が代わっているので、そういう面で長谷部は難しい経験をしていると思います。

監督によってどうしても評価基準は違ってきます。長谷部の場合、最初のマガトは高く評価してくれましたが、3シーズン目（09－10シーズン）はアルミン・フェー監督が成績不振でシーズン途中で解任となり、後半はローレンツ＝ギュンター・ケストナー監督の下でプレー。2人が長谷部に求めるプレーも当然違い、レギュラークラスの評価は得ていたのですが、長谷部は常にスタメンでプレーするというわけにはいきませんでした。優勝したシーズンにゴールを量産した不動の2トップ、グラフィッチとジェコのコンビでさえも調子を落としてしまったほどで、チームはシーズンを通して不安定な戦いを続けたのです。

そして10－11シーズンも、ヴォルフスブルクは監督がイングランド人のスティーブ・マクラーレンに変わりました。しかもマクラーレン自身が自分のチーム作りが上手くいかず、結果も出せないため、毎試合起用する選手が変わるという悪循環に陥ってしまい、２トップなのかワントップなのか、ボランチは１枚なのか２枚なのか、チームの基本システムも定まっていません。そんなチーム状態ですから、長谷部も定位置を確保できずに苦しいシーズンを送っています。

シーズン前半戦を終えての成績は、17試合中11試合に出場。そのうちスタメン出場は９試合で、得点はありません。

そんな中、ヴォルフスブルクはこの厳しいチーム状況を打開すべく、２０１１年２月に成績不振を理由にマクラーレン監督を解任。後任にはコーチだったリトバルスキーが代理監督を務めることが決定しました。これによりチーム作りが再修正されることは必至で、長谷部が監督から要求されることも変わることが予想されます。

もしチームが、攻撃を重視したスタイルに絞った場合だとより攻撃的な選手を中盤に起用する可能性が高くなってしまい、長谷部の出番が減ってしまうことが予想されます。しかし、もしバランスを重視するスタイルを目指すのであれば、チームプレーができる長谷部にポジションが与えられるでしょう。

ただ、厳しい状況が続いているのは事実ですが、ヴォルフスブルクのサポーターは長谷部を支持する人が多いことも確かです。何と言っても長谷部は優勝メンバーですし、長谷部のように安定感のある選手は比較的ドイツ人に好まれやすいタイプなのです。

長谷部は努力家の選手です。また、年齢的に考えてもまだまだ成長できると思います。これまで約3年、派手さはありませんが、長谷部が着々とドイツにおける地位を確立していることは間違いありません。

試合を重ねるごとに持ち味を出せるようになった内田篤人

シャルケに加入した内田篤人も、デビューシーズンの前半戦を終え、ここまでは順調に成長しています。マガト監督は日本人選手をとても評価している人なので、内田獲得についても確信を持っていたのだと思います。

ただ、開幕戦の内田のプレーを見たときは、正直まだブンデスリーガでプレーするには厳しいと感じました。スタメンで起用されたわけですから、もちろんマガトも内田に期待していたことは間違いありませんが、当の本人がかなり緊張していたのか、まったく自分のプレーができなかったのです。試合の雰囲気、相手のプレッシャー、あるいは味方の選手にもラウールのような偉大な選手がいるわけで、ヨーロッパを初めて経験する内田が冷静さを失ってしまうのも無理はありません。

ですから、デビュー戦となったハノーファー戦における内田のパフォーマンスは、まったく現地で評価されませんでした。

それを見たマガト監督も、さすがに内田をスタメンから外しました。第2節は本来センターバックのクリストフ・メッツェルダーが右サイドバックに入り、以降は中盤のクリストフ・モリッツ、同じく中盤のジョエル・マティプらがそのポジションで起用されました。その間、第5節に途中出場した以外で内田がピッチに立つことはありませんでしたが、内田にとって幸運だったのは、それらの選手たちのパフォーマンスがいずれも及第点に及ばなかったことでした。

第7節のシュトゥットガルト戦。内田はもう一度マガトにチャンスを与えられ、その試合を無難なプレーで切り抜け90分間プレーしました。それ以降は、試合を重ねる度に落ち着きを取り戻し、本来の持ち味を出せるようになっています。以降の試合でスタメンの座を確保していることが、その証明だと言えるでしょう。もちろん、まだ香川ほどの評価を得たわけではありませんが、それでも開幕戦で見せたような不安定な動きはなくなりましたし、得意のクロスからゴールをアシストするプレーも出るようになりました。目に見える進歩を見せていることは間違いありません。

また、デビューシーズンでチャンピオンズリーグを経験できたことも内田の成長を加速させたと思います。ブンデスリーガとは違ったタイプのチームと対戦できるチャンピオンズリーグで5試合に出場したことで、内田のプレーには余裕が感じられるようになりました。そして、チームの決勝トーナメント進出に貢献できたことは、大きな自信につながったことでしょう。

adidas
S
04

それと、内田の評価については、シャルケのチーム事情も考慮する必要があると思います。マガト体制2年目の10－11シーズンは、総入れ替えに近いほどメンバーが新しくなり、ゼロからのチーム作りを強いられたシーズンなのです。

シャルケは09－10シーズンに2位という好成績を収めたのですが、指揮官のマガトはそのチームでは優勝できないと判断。優勝するためのメンバーを新たに10人以上補強しました。使えないと判断した選手は冷徹に切る。まさに厳しいマガトのやり方です。そんなこともあって、開幕前からマガトも「チームが完成するまでには時間がかかるだろう」という発言をしていました。

実際、シャルケは開幕9試合を戦って、そのうち勝利したのはわずかに1試合のみ。さすがに10月を終えた段階では、マガトの進退問題にも発展したほどです。ただ、クラブの役員会議で改めてマガトをバックアップすることをフロントが確認。11月に入るとそれまでが嘘のように、チームは機能し始めました。

エースのクラース・ヤン・フンテラールは安定してゴールをマークし、最初はドイツのサッカーに戸惑っていたように見えたラウールも次第に本領を発揮。その2トップを生かすべく補強したスペインのホセ・マヌエル・フラードもブンデスリーガの水に馴染み始めると、内田のパフォーマンスもそれに伴って向上していったのです。

ライバルとの争いを通して内田の真価が問われる

ただ、先ほども触れたように、まだ完全に内田がサポーターからの信頼を勝ち得たわけではありません。シャルケの人々の脳裏には、09－10シーズンまでプレーしていたブラジル代表のラフィーニャのことが焼き付いていて、どうしても内田とラフィーニャを比べてしまうのです。ラフィーニャは移籍を熱望していたため10－11シーズンからイタリアのジェノアでプレーしていますが、内田がラフィーニャを超えてサポーターから全幅の信頼を得るまでには、やはりもう少し時間がかかりそうです。

また、本来内田と右サイドバックのポジションを競うべき選手が大きな故障のために開幕前から戦線離脱していることも見逃せない部分です。その選手は10－11シーズンにマインツから獲得したティム・ホークラントです。この選手はマインツでキャプテンを務めていた即戦力で、もともとシャルケの下部組織で育ったというバックグラウンドもあります。マガトとしても、おそらく10－11シーズンは内田とホークラントを競わせるつもりだったのでしょうから、内田としてもまだ安泰というわけにはいきません。真価が問われるのは、ホークラントが復帰してから。当然ですが、内田がこれからドイツで成功を収めるためには、そういった競争に勝っていかなければいけないのです。

そのためにも、内田は課題とされている守備面を強化していかなければいけません。やはりまだ線が細いこともあってか、1対1のシーンでの守備に課題を残しています。ディフェンダーはフィジカルコンタクトが避けられないので、そこをレベルアップしないと自分のリズムでプレーすることが難しくなってしまいます。ただ、これについては、本人からもかなり慣れてきたという発言も聞かれるようになっているので、おそらく時間の経過とともに改善されるでしょう。バイエルン戦では、リベリーというワールドクラスの選手と対峙し、リベリーが本調子ではなかったとはいえ、しっかりと押さえることができていました。それは大きな自信になったはずです。

逆に、内田の武器は攻撃力です。ブンデスリーガで優勝したり、ヨーロッパの舞台で上位に食い込んだりするためには、サイドバックの攻撃力は絶対に必要とされる要素になっています。もちろんシャルケもその部分を高く評価したうえで、内田を獲得しているようです。内田は鹿島アントラーズと複数年契約を交わしていたので、香川と違って、獲得する際には移籍金が発生しました。シャルケが内田を獲得するために支払った金額は推定1億5000万円とされ、年棒も推定2億1000万円と報道されています。これは、シャルケが内田を評価したうえで獲得したことを表していると思います。

私自身、内田の鹿島アントラーズでのデビュー戦を見ていますが、まったく臆することなくプレーしていたのが印象的で、とても優れた選手だと思いました。攻撃参加するタイミング、クロスボールの質など、十分にブンデスリーガで通用するものを持っていますし、これからもっと伸びることでしょう。せっかく掴みかけているチャンスを逃すことなく、このまましっかりとレギュラーポジションを確保して欲しいと思います。

矢野貴章はドイツのサッカーに馴染み始めている

矢野貴章がプレーしているのは、10-11シーズンの台風の目のひとつとして注目されているフライブルクです。第2章でもフライブルクのドゥット監督を注目のニューウェーブ系監督として紹介しましたが、スピードがあって全員がハードワークするフライブルクのサッカーは、ドイツでも高い評価を得ています。

中でも、エースストライカーのパピス・デンバ・シセは絶好調をキープして得点王争いを繰り広げるほどの大活躍。ドゥット監督が採用している基本システムは4-1-4-1なので、矢野がシセを抑えてワントップの位置でスタメン出場を果たすのは厳しい状況にあります。

前半戦17試合を終えた段階で矢野の出場は8試合。そのうちスタメン出場は2試合。基本的には、矢野はチームが攻撃的にシフトチェンジした際の駒として見られているようで、スタメン出場の際は2トップの一角でプレーしています。残念だったのは、初めてスタメンを飾った第4節のヴォルフスブルク戦で、前半に怪我をしてハーフタイムでベンチに下がってしまったことでした。

とはいえ、矢野について特別悪い評価が下されているということはありません。確かにしばらく出場機会に恵まれなかった時期もありましたが、ドゥットも途中出場で矢野にチャンスを与え続けています。

ドゥットが目指す速くて運動量の多いサッカーは、矢野のプレースタイルにも合っていると思い

ますし、矢野の場合はもともとフィジカル能力が高いので競り合いの面での心配はありません。ですから、これからは与えられたチャンスの中で、ゴールやアシストといった結果を残すことが必要になってくるでしょう。

ウィンターブレイク明けの第18節のザンクト・パウリー戦では、矢野が頭で折り返したところを、エースのシセが豪快にボレーで叩き込むというプレーがありました。その試合は後半開始からボランチのユリアン・シュスターに代わって出場しましたが、プレーの質がかなり向上していることが伺えました。その試合における矢野のキッカー誌の採点は「2・5」。かなり高い評価を得ています。

このようなプレーを続けていれば、チームとともに、矢野個人の評価も高まるはずです。年齢が26歳ですから、矢野がこれから劇的にプレースタイルを変えるというのは難しいと思います。ですが、今持っている自分の武器を磨いて、ブンデスリーガのサッカーに馴染んでいけば、まだまだ矢野の可能性は広がっていくと思います。

ボーフムのチョン・テセとコットブスの相馬崇人

10－11シーズンからブンデスリーガ2部でプレーしている2人の選手にも少し触れておきたいと思います。

ひとりは、川崎フロンターレでプレーしていたVfLボーフムのチョン・テセです。テセは北朝鮮代表として南アフリカでのワールドカップも経験していますし、実力的にはブンデスリーガ2部であれば十分にやれる選手だと思っていました。実際、ボーフムでも開幕から定位置の確保に成功。前半戦だけで2度のマン・オブ・ザ・マッチに輝くなど、順調にゴールを重ねています。

当然現地でも高く評価されているのですが、一度キッカー誌でテセについてのネガティブな記事が掲載されたことがありました。試合翌日に掲載された写真付きの記事によると、テセは瞬間的なスピードで2度スーパーなプレーをしてゴールを決め、さらにチームの勝利に貢献したにもかかわらず、監督のフリードヘルム・フンケルがテセについて苦言を呈したというのです。そのコメントは、「テセには満足していない。90分間を通して仕事をしていない」といった内容のもので、どうやらフンケルはテセの仕事量がまだ少ないという評価を下したようです。

ただ、その記事をネガティブに捉える必要はなく、私はむしろフンケルが「もっとテセはできるはずだ」と高く評価したうえで、叱咤するメッセージを間接的に送っているのだと感じました。そもそも2部の記事が顔写真付きで掲載されることは少ないわけで、それはテセがボーフムの中で自分の居場所を確立していることの証拠にもなっていると思います。

テセがプレーするボーフムは、かつて小野伸二が2年間プレーしたクラブなので、その名前を聞いたことがある日本のファンも多いと思います。ボーフムの街はドルトムントからも近い小さな街なのですが、近年はブンデスリーガ1部に所属するシーズンが増えてきています。そういう意味では、前半戦だけで8ゴールを叩き

ブンデスリーガ2部のＦＣエネルギー・コットブスの相馬崇人(左)とＶｆＬボーフムのチョン・テセ(右)

だしたテセの活躍が、ブンデスリーガ昇格へのキーポイントになっていることは間違いないでしょう。そして、テセならブンデスリーガでも十分に通用する能力を持っていると思います。

もうひとりブンデスリーガ2部でプレーしているのが、日本では東京ヴェルディや浦和レッズでプレーし、ポルトガルのマリティモから加入したFCエネルギー・コットブスの相馬崇人です。コットブスは旧東ドイツのクラブで、ブンデスリーガ開幕時は4部リーグに所属していました。ただ、近年はブンデスリーガ1部と2部を行ったり来たりする、いわゆるエレベータークラブ。旧東のクラブは財政的にも厳しい状況なので、なかなか1部に定着するには至っていません。

シーズンの前半戦、相馬は第3節、第6節、第8節でスタメンで出場し、そのうち第6節の対ヘルタ・ベルリン戦はフル出場を果たしています。その後もベンチを温めることなく、途中出場するようになっていることからすると、少しずつクラウス＝ディーター・ヴォリッツ監督からの信頼も厚くなっているのでしょう。そういった環境の中で少しずつドイツのサッカーに馴染み、これからもっと成長してくれることを期待したいと思います。

日本人選手第一号、奥寺康彦がその扉を開いた

ここまでは10－11シーズンのブンデスリーガでプレーする日本人選手の活躍ぶりを中心に紹介し

てきましたが、ここからは、ドイツと日本をつなぐきっかけとなった先駆者たちの話をしたいと思います。少し古い話になってしまいますが、彼らの存在なくして、おそらく現在のブンデスリーガの日本人ブームは起こらなかったと思います。

ご存知の通り、ブンデスリーガにおける日本人選手第一号は、今から30年以上も前の1977年にドイツに渡った奥寺康彦でした。もともと日本サッカーとドイツサッカーの交流の歴史は古く、日本サッカーの父と言われるデットマール・クラマーをコーチとして日本に招へいした60年代から始まっていました。当時、日本を代表する選手と言えば、のちにメキシコ五輪で銅メダルを獲得したチームの中心、釜本邦茂と杉山隆一です。釜本や杉山の評価は世界的にも高く、海外のクラブから獲得オファーもあったそうです。ただ、釜本本人曰く、当時は「もし日本を出て行ったら裏切り者みたいに言われた時代」だったそうで、結局、その時代に日本人選手が海外のクラブに移籍することはかないませんでした。

奥寺のドイツ移籍は、それよりも後の時代になります。もちろん、奥寺の時代も日本サッカー界が海外にオープンだったかと言えばそうでもなく、この移籍は当時日本代表監督を務めていた二宮寛の力添えで実現したものでした。きっかけは、その頃1FCケルンを率いていた名将ヘネス・ヴァイスヴァイラー監督と親しかった二宮が、ドイツで日本代表の合宿を行った際に奥寺をケルンに送り込んだことでした。そこでヴァイスヴァイラーの目に止まった奥寺に、ケルンから正式なオファーが届いたのです。奥寺のドイツ行きに反対する声がほとんどなかったのは、代表監督の二宮のお墨付きだったからに他なりません。もちろん、奥寺本人の実力がなければオファーは来なかったわけで、奥寺の選手としての評価と二宮の尽力があって実現した移籍だった、ということになります。

ヴァイスヴァイラーからの信頼を得ていた奥寺は、移籍直後にデビューを飾り、FW（ウイング）として評価を高めました。20試合に出場して4得点を記録。しかも、デビューシーズンの77－78シーズンには、ケルンのブンデスリーガとドイツカップのダブルタイトルに貢献し、揺るぎない地位を確立することに成功しました。

翌シーズンには、チャンピオンズカップ（現チャンピオンズリーグ）の準決勝で途中出場ながら値千金の同点弾を沈め、のちに語り草になるような活躍を見せたことは有名な話です。結局、ケルンの奥寺はヴァイスヴァイラーが指揮した79－80シーズンまでは主力としてプレー。ファンの脳裏に刻まれる選手のひとりとなりました。

その功績は今でも実感することができます。ケルンのクラブハウスに行くと、壁には当時のメンバーの写真が飾られていて、当然その中には奥寺が写っています。おそらく、ケルンに住むオールドファンで奥寺を知らない人はいないでしょうし、ケルンでは英雄的な存在です。

その後、奥寺はヴァイスヴァイラーがチームを去ったことで出場機会が激減したため、一度は2部のヘルタ・ベルリンに移籍。そして、今度はそのプレーぶりがブレーメンの名将オットー・レーハーゲル監督の目に止まり、81－82シーズンからブレーメンでプレーすることになりました。レーハーゲルは奥寺の堅実なプレーぶりを評価し、ディフェンダーにコンバート。すると奥寺は、5シーズンに渡って主力として活躍しました。

当時のブレーメンは攻撃的なチームだったので、奥寺はみんなが攻め上がった後のスペースをカバーする役として重宝されました。あれだけ高いレベルの中で、そういったポジション変更に対応することはなかなかできることではありません。そういう点でも、当時の奥寺の能力は日本人の中ではケタ違いだったと思います。

残念ながら、当時はまだ日本とドイツを簡単に往復できる時代ではなかったので、その間、奥寺が日本代表でプレーすることはありませんでした。直行便もなく、旧ソ連や中国の上空に飛行機を飛ばすことができず、アンカレッジ経由で20時間以上もかかったという時代なので、それは仕方がないことでした。

しかし、奥寺がドイツで計９シーズンに渡って活躍し続けたことは、日本サッカー界にとって、代表選手としての貢献以上に大きな遺産となったことは間違いありません。奥寺が、紛れもなく日本人の海外移籍のパイオニアであることに、もはや異論を挟む余地はないでしょう。

センセーショナルな活躍を見せた尾崎加寿夫

その奥寺がまだブレーメンでプレーしているとき、もうひとりの日本人選手がドイツに渡りました。１９８３年、史上２人目の日本人プロ選手としてブンデスリーガに挑戦したのは、当時在籍していた三菱重工サッカー部を退部して、アルミニア・ビーレフェルトを新天地に選んだ尾崎加寿夫でした。ただ、残念ながら尾崎の移籍は、奥寺と違って日本サッカー界に大きな波紋を呼んでしまいました。

尾崎は１９７９年に日本で開催されたワールドユースのメンバーで、１９８１年には将来を嘱望されるエースストライカーとして日本代表入り。翌年のジャパンカップ（現在のキリンカップ）ではフェイエノールトを相手に４得点を叩き出すなど、20代前半という若さながら日本サッカー界を背負って立つ逸材として大きな期待を寄せられていたＦＷでした。そして、日本代表がドイツ遠征を行った際、当時ビーレフェルトの監督をしていたホルスト・ケッペルが尾崎のプレーに注目し、それが移籍のきっかけとなったようです。

そして１９８３年のジャパンカップを欠場した尾崎は単身ドイツに乗り込み、ビーレフェルトのテストを受けて見事に合格。しかし、そのことがのちに発覚したため、尾崎がとった行動は大問題に発展してしまったのです。

しかしそんな中でも、尾崎は自分の意思を貫き、周囲の猛反対を振り切って移籍を決断しました。その頃、代表監督を務めていたのは元三菱の森孝慈監督でしたから、最初は森監督もショックを受けたようです。ただ、尾崎のドイツで勝負したいという決意が固いと知った後は、森監督も尾崎を応援していました。

とにかく、釜本の言う「裏切り者」というイメージで旅立つことになった尾崎でしたが、ブンデスリーガでのデビューシーズンは目覚ましい活躍を見せました。まず、開幕戦の対1FCケルン戦でスタメン出場を飾ると、いきなりデビュー戦ゴールを叩き込んで勝利に貢献。当時の1FCケルンは、GKシューマッハーを筆頭に、リトバルスキーやクラウス・アロフスといったトッププレーヤーがプレーしていた強豪だったので、尾崎は一躍注目を浴びる存在となったのです。

そのとき、すでにビーレフェルトの監督はケッペルではなかったのですが、尾崎はスピード豊かな突破力と持ち前のシュート力を発揮し、結局そのシーズンは33試合で8得点をマーク。その活躍ぶりはセンセーショナルなもので、FWとしては奥寺以上という評価を受けました。

私がビーレフェルトのコーチに就任したのは、尾崎の2シーズン目となる84－85シーズンのことでした。当時監督を務めていたゲルト・ロゲンザックはまだS級ライセンスを取得していなかったため、S級を持っている私がベンチに座ることと、ロゲンザックが必ずS級を取得するという条件で、リーグから許諾を得たのです。すでに私はその年の4月からコーチ契約のテストを受けにビーレフェルトに行って合格の返事を受けていたので、もちろん尾崎の活躍についてはクラブのスタッフからも詳しく聞いていました。

ただ、彼にとって不幸だったのは、その84－85シーズンはチームの主力選手がごっそり移籍してしまい、チーム力が大幅に低下していたことでした。それに加えて、対戦チームも尾崎のプレーを研究するようになっていて、2年目は本来のプレーができずに終わってしまったのです。

結局、そのシーズンはチームが2部に降格。尾崎はその後3シーズン2部でプレーしたのち、88－89シーズンにブンデスリーガのザンクト・パウリーで1シーズンプレーしました。ただ、ザンクト・パウリーでは1ゴールも挙げられず、翌シーズンはアマチュアでプレーして、不本意な格好で帰国することとなってしまいました。

確かに2部に降格してからの尾崎は、ドイツのファンから忘れられてしまった感は否めませんが、それでも奥寺ほどではないにしろ、尾崎がデビューシーズンに残した結果は素晴らしいものだったと思います。

そして、今から30年以上も前に、奥寺と尾崎という2人の日本人選手が同時にブンデスリーガの舞台で大暴れしていたことは、当時の日本サッカー界の状況を考えると奇跡的なことだったと今でも感じます。

高原直泰の活躍によって再び日本人選手の評価が上がった

尾崎が最後にザンクト・パウリーでプレーした88－89シーズン以来、しばらくブンデスリーガでは日本人選手不在の時代が続きました。そして、尾崎が帰国してから10年以上もの月日が流れ、ようやく次の扉を開けた選手が現れました。当時日本でナンバーワンのストライカーへと成長を遂げていた高原直泰です。

その高原は、02－03シーズンの冬の移籍期間で、ジュビロ磐田から名門ハンブルガーSVに移籍。Jリーグで得点王に輝いていたこともあり、もちろん即戦力として期待されました。実際、高原はウィンターブレイク明けの対ハノーファー戦で2トップの一角としてスタメン出場を飾り、まずまずのプレーを見せると、出場3試合目の対バイエルン戦ではブンデスリーガ初得点を記録。しかも、そのときバイエルンの守護神オリバー・カーンが連続無失点記録を更新中だったため、高原が決めたゴールはドイツ国内で話題となりました。

そこまでは申し分のない滑り出しでしたが、ベルナルド・ロメオという当時のエースが故障から復帰すると、高原の出番は激減しました。結局、当時指揮を執っていたクルト・ヤラ監督からの信頼を完全に勝ち取るには至らず、デビューシーズンは16試合に出場して3得点。スタメン出場は7試合という記録に終わっています。ただ、高原が期待外れの選手だったという烙印を押されたわけではありません。初めてのブンデスリーガで、デビューシーズンに3得点を決めたことは、十分に及第点を与えられるべき内容だったと思います。

その後、高原は05－06シーズンまでハンブルグでプレーしましたが、高原にとって不幸だったのは、本人が2トップもしくは3トップのセンターでプレーすることを望んでいたにもかかわらず、実際はサイドで起用されることが多かったことでした。

もともと高原はドリブルで突破するタイプの選手ではありませんし、最大の武器はゴール前に飛

足かけ6シーズンに渡ってブンデスリーガでプレーした高原直泰

び込む勇気やボールに合わせる技術、そして何よりもその得点能力の高さにありました。ですから、起用の面で監督に恵まれなかったとも言えます。私から見ても、高原の実力からすればもっとゴールを量産できたと感じてなりません。それはドイツのメディアも同じで、もっと高原を生かすべきだという論調が当時の主流でした。

ただ、そんな不遇だったハンブルグ時代の中でも、シーズン序盤でクラウス・トップメラー監督からトーマス・ドル監督にバトンタッチした04－05シーズンは、最終的に7得点をマークすることができました。センターでプレーする機会が多かったことで、しっかりと結果を残すことができたのです。高原自身も、このシーズンのパフォーマンスで大きな自信をつけたと思います。

そして、ドイツで開催された2006年ワールドカップ後、高原は意を決してアイントラハト・フランクフルトに移籍。その06－07シーズンは、足かけ6シーズンに渡ってブンデスリーガでプレーした高原にとって、最も充実した1年になりました。リーグ戦30試合に出場して11ゴール。この成績は、高原の実力通りのものだと思います。

その後、07－08のウィンターブレイクで高原は浦和レッズへの移籍を決めたわけですが、高原がブンデスリーガで残した135試合25得点という記録は十分に評価できるものだと思います。キッカー誌では、香川の活躍についてのコメントを高原に求め、それを顔写真付きの記事にして掲載することがありますが、それはドイツ人がブンデスリーガで成功した日本人選手として高原をリスペクトしている証拠なのではないでしょうか。

いずれにしても、その後ブンデスリーガでプレーする日本人選手は途絶えることがなくなりました。それは、高原が日本人選手の評価を再び上げたからこそのことだと思います。

高原が渡したバトンを小野と稲本がつないだ

2008年1月、その高原と入れ替わるようにして浦和レッズからドイツに渡ったのが小野伸二でした。小野を獲得したのは現在チョン・テセがプレーしているボーフムで、当時はブンデスリーガ1部に所属していました。

当時の小野は、浦和でプレーしていたものの、かつてのような輝きを失いつつあったことも確かで、本人としては心機一転のチャレンジだったと思います。さすがにフェイエノールトで実績を積んだだけあって、小野は加入当初から自信を持ってプレーしていました。とりわけ、デビュー戦となったブレーメン戦ではアシストを決め、最初からインパクトを残すことに成功しています。

ただ、その後あまり出場機会に恵まれなかったのは、ブンデスリーガの激しさについていけなかった部分があったからだと思います。また、小野の場合は故障が多かったので、故障から復帰してはまた怪我をしてリハビリ生活に入る、という悪いパターンが続いていた印象があります。

もっとも、そういったコンディションの中でも、天才的なボールさばきと抜群のサッカーセンスは衰えるものではありません。小野のテクニックは間違いなく当時のブンデスリーガでピカイチでしたし、実際、ボーフムもそれを評価したうえで小野を獲得したわけです。確かにポジション争いに勝てたわけではありませんが、それでも出場した際にはスーパーなプレーを見せていたので、チームメイトからは一目置かれた存在だったことは間違いないでしょう。もし小野がもう数年早くブンデスリーガでプレーしていれば、間違いなく実績を残せた選手だったと思います。

ご存知の通り、結局小野は２０１０年１月に帰国し、清水エスパルスに加入しました。ボーフムでは、足かけ３シーズンに渡ってプレーし、29試合に出場。ゴールを挙げることはできませんでしたが、小野が在籍している間にボーフムが２部に降格することはありませんでした。そういう面からしても、小野は日本人選手の評価を下げたわけではないということが言えると思います。

その一方、小野がドイツに渡る少し前、07－08シーズンに高原がプレーするフランクフルトに加入したのが稲本潤一でした。

それまで稲本は長年イングランドでプレーしていて、フランクフルトに加入する前はトルコの名門ガラタサライでチャンピオンズリーグに出場するなど、チームの主力として活躍していました。ブンデスリーガに活躍の場を移すきっかけとなったのは高原の誘いだったと言われていますが、すでにヨーロッパでの実績があったので、稲本自身もドイツでプレーすることに関して不安はなかったと思います。

実際、デビューシーズンはブンデスリーガ24試合に出場。完全にレギュラーを確保するには至りませんでしたが、チームメイトだった高原がシーズン途中でドイツを去ってからも、稲本はピッチで黙々と自分の仕事をこなしていたという印象があります。もちろん、稲本が戸惑うことなくドイツでプレーできたのは、長年ヨーロッパで培った多くの経験があったからでしょう。

そもそも稲本は、初めてヨーロッパに渡った2001年から、プレミアリーグ、トルコリーグ、ブンデスリーガ、フランスリーグと、いずれもヨーロッパのトップレベルのリーグで足かけ9シーズンに渡ってプレーしたわけですから、実績という部分では日本人の中ではずば抜けている選手なのです。稲本より長い間ヨーロッパでプレーしたのは、過去に遡ってもブンデスリーガで9シーズン丸々プレーした奥寺しかいないのですから、いかに稲本が日本の中で非凡な選手であるかがわかるかと思います。

そのせいか、稲本のプレーを見ていると、日本人選手が外国でプレーしているというイメージではなく、ブンデスリーガでプレーするひとりの外国人選手という風に見えたものです。プレーのスケールもヨーロッパに合っていたと思いますし、フランクフルトでプレーしているときもフィジカル的に負けるような場面はほとんどありませんでした。

結局、稲本はブンデスリーガで43試合に出場。フランクフルトで2シーズンプレーしたのち、フランスのレンヌに移籍しました。プレミアリーグでプレーしていた時代と違って、チームでの役割は守備中心だったため、ゴールを記録することはできませんでしたが、日本人選手の評価を高めたことは間違いないと思います。

そして、この稲本や小野とスライドするかのようにドイツにやって来たのが、08－09シーズンの冬にヴォルフスブルクに加わった長谷部、あるいはその翌シーズンに長谷部とともに半年間プレーした大久保嘉人でした。特に長谷部は２年目にブンデスリーガ優勝に主力として貢献したことで日本人選手の評価をさらに高め、それが２０１０年ワールドカップ後に起こった日本人ブームへとつながっていったのです。

槙野智章には危機に瀕するチームを救う活躍が期待されている

ここで、10－11シーズンのウインターブレイクで新たにドイツに渡った３人の日本人選手についても少し触れておきたいと思います。サンフレッチェ広島から1FCケルンに移籍した槙野智章、浦和レッズからバイヤー・レヴァークーゼンに移籍し、レンタルでFCアウグスブルクでプレーすることになった細貝萌、そして清水エスパルスからVfBシュトゥットガルトに移籍した岡崎慎司の３人です。

まず、槙野の移籍については、浦和レッズを指揮していたホルガー・フィンケがケルンのスポーツディレクターに就任したことによって実現したようです。ケルンは２部降格の危機に喘いでいるため、そういう面では槙野もその危機を救うための助っ人として移籍したことになります。

ただ、必ずしも即戦力という意味合いで獲得したわけではないと思います。ケルンのセンターバックには、ブラジル人のペドロ・ジェロメルという主力ディフェンダーがいますし、もうひとりはレバノン代表のユセフ・モハマドがレギュラーとしてプレーしていて、前半戦まではキャプテンを務めていました。さすがに降格争いをしているので、チームはキャプテンをルーカス・ポドルスキに変えて心機一転を図っていますが、槙野がそのレギュラー2人に割って入るのはそう簡単なことではないと思います。

おそらくクラブとしては、槙野をその2人のバックアッパーとして期待しているのではないでしょうか。また、比較的手薄な右サイドバックやボランチで槙野がプレーする可能性も十分考えられると思います。

移籍直後から槙野獲得のニュースは現地でも話題になっており、ポジティブに捉えられているようです。すでに槙野のキャラクターもクローズアップされ、Jリーグアウォーズで見せた正装姿だけでなく、ムードメイカーとしてパフォーマンスをする明るい一面も取り上げられています。私から見ても、あの槙野の明るいキャラクターはドイツでも人気者になる可能性を秘めていると思いますし、意外と早くチームに溶け込めるのではないでしょうか。

また、自分の街にプライドを持つのはどこも同じですが、ケルンのサポーターたちは特にその意識が強いことで知られています。伝統のあるクラブですから、みんながサッカーについてもとても厳しい見方をしますし、だからこそポドルスキのような生え抜きの選手はとても愛されています。

10-11 シーズンのウィンターブレイクに 1.FC ケルンに移籍した槙野智章

ホームスタジアムのライン・エネルギー・シュタディオンは6万人の収容を誇り、雰囲気はドイツ屈指のレベルです。そんな環境の中で槙野が活躍してサポーターに認められれば、それこそ奥寺がそうであるように、何十年後も英雄として扱ってくれるはずです。

ですから、槙野には降格の危機にあるチームを救う活躍をして欲しいと思います。ある意味、これは槙野にとってビッグチャンスと言えるのではないでしょうか。

成長が期待される細貝萌、定位置争いを強いられる岡崎慎司

バイヤー・レヴァークーゼンに移籍した細貝萌については、優勝を狙うチームで即レギュラーというのはさすがに厳しいということで、2部の首位争いを演じているFCアウグスブルクにレンタルされることになりました。

優勝争いをするレヴァークーゼンのボランチには、当然ながらブンデスリーガでもトップレベルの選手がひしめいています。たとえばジモン・ロルフェスは2010年ワールドカップこそ怪我で出場はかないませんでしたが、それまでは代表に入っていた好選手です。もうひとりのレギュラーはチリ代表のアルトゥーロ・ビダル、控えにもラース・ベンダーという将来有望な若手がいて、センターバックをやっているシュテファン・ライナルツもボランチができる選手です。また、怪我か

ら復帰したミヒャエル・バラックもボランチでプレーしますから、選手層という意味ではブンデスリーガ屈指だと思います。

ですから、なかなかこのクラスの選手とニューカマーの細貝を同じ土俵で競わせるというわけにはいきません。クラブとしては、一旦他のクラブで実績を積んで成長してから戻って来なさい、という意味でレンタルに出したのです。

ただ、そのレンタル先のアウグスブルクの試合を見る限り、細貝にも十分にチャンスはあると思います。レベル的には問題ないので、あとはドイツのサッカーに早く馴染むことができれば、レギュラー獲得は十分に可能だと思います。細貝にとっては、まずはチームのブンデスリーガ昇格に貢献することができるかどうかが、その後の道を決めるのではないでしょうか。

もうひとりの岡崎については、期待と不安が入り混じった移籍と言えるかもしれません。シュトゥットガルトのＦＷにはレベルの高い選手が多く、現状ではドイツ代表のカカウとロシア代表のパヴェル・ポグレブニャクが2トップのレギュラーとしてプレーしています。控えにも、ルーマニア代表のチプリアン・マリカ、オーストリア代表のマーティン・ハルニクがいて、岡崎はそこに割って入らなければなりません。

ただ、シュトゥットガルトも降格の危機にあるので、岡崎はその救世主として補強されたのだと思います。しかもこの補強に関しては、クラブのＧＭを務めるフレディ・ボビッチが実際に日本に足を運んで自分の目で岡崎のプレーを確かめたうえでの獲得ということですから、期待されていることは間違いありません。岡崎の特長は、ヘディングシュートと裏への飛び出しなので、それを武器にしてチャンスをつかむしかないでしょう。最後まで諦めない岡崎の姿勢は、きっとドイツでも評価されると期待しています。

いずれにしても、新たにドイツに渡った3人には、これまで続いた日本人選手の評価をさらに上げるよう結果を残して欲しいですし、そういう期待を持って注目していきたいと思います。

日本女子サッカー界の期待を背負う永里優季と安藤梢

最後に、ドイツでプレーしている日本人の女子サッカー選手についても紹介したいと思います。みなさんは、現在2人の日本人女子選手がドイツの女子ブンデスリーガでプレーしていることをご存知でしょうか？

その2人とは、2010年1月から1FFCトゥルビネ・ポツダムでプレーしている永里優季と、同時期にFCR2001デュイスブルクでプレーしている安藤梢です。

近年ドイツの女子サッカーは世界トップレベルにあり、しかも女子ブンデスリーガはリーグの運営もしっかりオーガナイズされているので、世界中からトップレベルの選手が集まっています。プロリーグではありませんが、レベル的にはアメリカに匹敵すると言っても過言ではありません。

しかも、この2人がプレーしているのは、どちらも女子ブンデスリーガの中で強豪とされるチームです。ヨーロッパでは、男子同様、女子のチャンピオンズリーグも毎年行われているのですが、09－10シーズンにはこの２人が所属するチーム同士が決勝戦を戦うという歴史的快挙がありました。

試合は、延長戦でも決着がつかずにＰＫ戦となり、最後はそのＰＫ戦を制した永里の１ＦＦＣトゥルビネ・ポツダムがヨーロッパチャンピオンに輝きましたが、女子のヨーロッパチャンピオンを決めるビッグマッチを戦う両チームで日本人がプレーしていたという事実は、もっと多くの人に知れ渡って欲しい出来事だと思います。

現在、日本サッカー協会では海外強化指定選手という制度があり、ある一定の基準をクリアした選手に対しては、協会が海外でプレーする選手に対して援助を行うようになりました。もちろん移籍自体は2人がそれぞれ進めたことですが、協会としてドイツで頑張っている2人をサポートしていることは、日本の女子サッカー界にとって大きな進歩だと言えます。

２０１１年のワールドカップがドイツで行われるという部分でも、きっと2人はメダル獲得を目指す日本代表の大きな力となってくれることでしょう。そして２０１２年にロンドンで行われるオリンピックでも活躍してくれると思います。

男子と同じように、女子もこうやってブンデスリーガとのつながりができたことは、日本サッカー界にとって大きな財産になると思います。

Kolumne 3
コラム3

ブンデスリーガ個人賞あれこれ

ブンデスリーガでは、年間で最も活躍した選手に贈られる個人賞がいくつか存在します。その中で最も権威があるのは、雑誌「キッカー（Kicker)」が主催し、ドイツ記者協会（ＶＤＳ）の投票によって決定する年間最優秀選手賞です。この賞には毎年男女１名ずつが選ばれ、09-10シーズンは優勝したバイエルンのロッベンが受賞しました（巻末に歴代受賞者一覧あり)。また、同誌では得点王と独自で選定する年間最優秀選手（09-10シーズンはバイエルンのシュヴァインシュタイガー）にも賞を設けていて、さらに年間最優秀監督とポジション別年間最優秀選手にはゴールデンＫと呼ばれる雑誌の頭文字である「Ｋ」を象った金のトロフィーを授与しています。(シーズン中には月間ＭＶＰも選定)

一方、選手協会（ＶＤＶ）も、年間最優秀選手、最優秀新人、最優秀監督、ベスト11をそれぞれ投票によって決定しています。

4.Spieltag

第4章

今こそブンデスリーガに学べ！

ユーロ2000を経て新しいドイツが生まれた

ここからは、第1章で触れたドイツの育成プログラムについて詳しく紹介したいと思います。おそらく、DFB（ドイツサッカー協会）主導によるこの育成改革が存在しなければ、現在のようなブンデスリーガの興隆、ひいてはドイツサッカー界全体の復興は実現しなかったでしょう。それほど、このプロジェクトは現在のブンデスリーガを語るうえで見落とすことができない重要なポイントになっています。

では、この育成プログラムがどういうきっかけでスタートすることになったのかという部分から説明しましょう。今から約10年前、それは、オランダとベルギーで開催されたユーロ2000におけるドイツ代表の惨敗が大きなきっかけとなりました。その大会で、ドイツと同グループに組み込まれたのは、ルーマニア、ポルトガル、イングランドの3カ国。2年前の1998年ワールドカップがベスト8止まりだったこともあって、国民の期待はそれほど高くはなかったと記憶しますが、それでも常勝を義務付けられたドイツにとってグループリーグを突破することは、当たり前のことだと考えられていました。ところが、実際に蓋を開けてみると、初戦のルーマニア戦をドローで終えたドイツは、続くイングランド戦で0－1の敗戦。もう後がないという崖っぷちで臨んだポルトガルとの試合では、すでにグループリーグ突破を決めて主力を温存したポルトガルに対し、何と0－3の完敗。ドイツは、屈辱のグループリーグ敗退を強いられてしまったのです。

当時の監督は、1998年ワールドカップを率いたベルティ・フォクツの後を引き継いだエリック・リベック監督で、代表メンバーに名を連ねていたのは、ローター・マテウス、ディートマー・ハマン、クリスティアン・ツィーゲ、メーメット・ショル、オリヴァー・ビアホフといった経験豊富なワールドクラスたちでした。

この歴史的惨敗が、どれほどドイツサッカー界のプライドを傷つけたかは改めて説明するまでもありません。このままでは、本当にドイツのサッカーが終わってしまう。私の記憶では、ベッケンバウアーがそういった内容の発言をして、そこからDFBが真剣に話し合い、復権のための策が練られたのでした。

かつての1FCケルンの名選手であり、監督も務めたことがあるシュテファン・エンゲルスに話を聞いた際も、当時の様子についてこんな風に振り返ってくれました。

「この育成プログラムについて話し合われたのは2000年からでした。当時の代表は本当に良くなかったですからね。そうしたときに、このままでは駄目だということになったのです。これまで常に良い成績を残してきた大きなドイツを取り戻さないといけない。何かを変えなければいけないという状況の下、タレントの育成プログラムが導入されることになったのです」

現在ケルンで育成部門の責任者を務めているエンゲルスが話してくれたように、当時のドイツサッカーは危機的な状況にありました。そういう後がない状況で生まれたのが、未来のタレントを育てることに主眼を置いた改革案だったのです。

実際、ユーロ２０００で主力としてプレーしたほとんどの選手は30歳以上のベテラン選手でした。若手のホープといえば、唯一、当時20歳だったセバスティアン・ダイスラーだけという状況でしたから、ＤＦＢが出した若手の育成という結論は、ドイツサッカー界が抱えていた当時の問題点を的確に突いたものだったと思います。

失敗後の自己批判が出発点となって復権を果たした

私は、ドイツ人の素晴らしい点のひとつとして、自己批判ができるということが挙げられると考えています。大きな失敗をしたら必ずその後に自己批判をして、そしてもう一度復活するための再建策を立てる。実際、ドイツ代表の歴史を振り返ってみると、そうやって復活を遂げたことが何度かありました。

たとえば、ベッケンバウアーを筆頭に数多くのスター選手がひしめいていた70年代。ドイツ（旧西ドイツ）には、他にもベルティ・フォクツ、パウル・ブライトナー、ヴォルフガング・オヴェラート、ギュンター・ネッツァー、ゲルト・ミュラーなど、数えれば切りがないほどのタレントが揃っていました。ただ、ドイツ国内では当時のスター選手たちの本当のピークは１９７４年の自国開催のワールドカップ優勝とされていて、それ以降はその貯金のようなもので何とかごまかしていたと認識されているのです。

これは以前ブライトナーに聞いた話なのですが、その頃に絶頂期を迎えていたドイツサッカー界は、1974年につかんだ世界チャンピオンの座を守るために何をしたらいいかと考えたとき、あとは体力をつけるだけだという誤った考え方をしてしまったと言っていました。もちろん、当時はそれが間違いだとは誰も思っていなかったわけですが、それ以降、ドイツではトップチームからユースまで、フィジカルを鍛えることに重点を置いたトレーニングにシフトチェンジしたそうです。

ボールを使うトレーニングが減少し、技術を磨くことが疎かになってしまった結果、ドイツにはハンス＝ペーター・ブリーゲルに代表されるような陸上選手タイプの選手が目立つようになりました。ここでブリーゲルを悪く言うつもりはありませんが、とにかく当時ドイツにはそういうタイプの選手が増え始めていたことは間違いありません。

そして、その強化方法が間違いだったと気付いたのが1978年ワールドカップです。自国開催のワールドカップを制し、ユーロ1976でも準優勝を飾っていたドイツでしたが、このアルゼンチンで行われたワールドカップでは無念の2次リーグ敗退。1974年の大会で中心となっていたスター選手は代表から退いていたこともあり、いわゆるタレント性のある選手もほとんど見当たりませんでした。

結局、それを見た1974年の優勝メンバーたちを中心に、「こんなサッカーをやっていたら駄目になる。もっと技術をベースにしたサッカーに戻さなければいけない」と周囲が訴えかけたことで、ドイツサッカーは方向転換しました。さすがにスター選手が出てくるまでには時間がかかりましたが、それをきっかけにして、以降のドイツには技術の高い選手が少しずつ増え始めました。

もっとも、タレント不在という中でもドイツはユーロ１９８０で優勝を成し遂げ、ワールドカップでは１９８２年と１９８６年で準優勝に輝いているわけですから、結果という面ではそれほど深刻とは言えなかったかもしれません。

しかし、代表チームはそうだとしても、クラブシーンに目を向けると、やはり80年代はドイツサッカーが低迷していた時代だったと言わざるを得ません。82－83シーズンにハンブルガーＳＶがヨーロッパチャンピオンになってトヨタカップでも来日していますが、あの時はネッツァーがＧＭをやっていたことでケビン・キーガン（イングランド代表）を引き抜くことができたという特別なバックグラウンドがありました。それ以外にヨーロッパのトップを狙えるようなチームは見当たらず、バイエルン・ミュンヘン、ボルシア・メンヘングラートバッハ、あるいは１ＦＣケルンが活躍していた70年代と比較すると、ドイツにとってはあまりにも寂しい時代でした。

ドイツが本当の意味で復活を果たすことができたのは、ベッケンバウアーが監督を務めた１９９０年ワールドカップの優勝でした。当時のメンバーには、ローター・マテウスやピエール・リトバルスキーといった80年代から活躍していた選手に加え、トーマス・ヘスラーやユルゲン・クリンスマンといった新しいスター選手が台頭し始めていました。サッカー自体は伝統の３－５－２が健在で、確かに守備的サッカーが幅を利かせていた当時の時代にドイツのスタイルがマッチしていた感は否めませんが、それでも選手個人の技術は格段に進歩を見せました。

しかし、再び世界のトップに返り咲いたことで、ドイツサッカー界はそのメンバーに長く頼り続けることになってしまいます。そのワールドカップ後、監督に就任したフォクツが１９９８年ワールドカップまでの８年間に渡ってその椅子に座り続けていたことも、世代交代の遅れに影響を与えたのかもしれません。フォクツが最後に指揮したフランスでのワールドカップで、当時37歳のマテウスがリベロを務めていたことがその象徴でした。

また、90年代はそのようなスター選手たちがイタリアを中心とした国外に流出した時代でもありました。結局、ドイツのクラブはヨーロッパの最先端から取り残され、唯一ボルシア・ドルトムントだけが選手を集めて96－97シーズンにチャンピオンズリーグで優勝しましたが、もはや３－５－２のドイツスタイルは過去の産物。国際的にはまったく通用しなくなっていました。

そして、問題を放置し続けたことにより、ドイツサッカーは先ほど触れたユーロ２０００での惨敗というツケを払わされることになってしまったのです。

未来のタレントのために設けた全国３６６の拠点

その惨敗の後、ＤＦＢが議論の末に出した結論が、育成システムの改革でした。

すでに輝きを失っていたA代表を直接どう改革するかではなく、新たに若手の育成プログラムを立ち上げ、そこにＤＦＢが莫大な資金を投下したのです。目先に捉われることなく、もっと先の将来を見据える。私は、そこがドイツのすごさだと感じます。

もちろん、すでにヨーロッパの強豪国ではそれ以前から育成システムの整備を行っていたため、ドイツも必死になって各国の成功例を学び、研究することから着手しました。そして、ドイツは単にそれを真似るのではなく、ドイツ流にアレンジして世界一の育成プログラムを練り上げたのです。

その画期的な育成プログラムは、２００２年からスタートしました。それを具体的に説明すると、まずＤＦＢは、11歳から17歳までのタレントをひとりも見落とすことがないように全国に３６６カ所の拠点を設けました。その拠点では、周辺地域の優秀な子供を集め、週1回、ＤＦＢが直接指導するのです。しかも、集めたタレントを途中で見切りをつけるようなことはしません。その子供のデータをＤＦＢが一括管理し、仮にその子供が途中で伸び悩んだとしても最後まで面倒をみます。

これによって、どんな小さな村のタレントでもハイレベルな指導を受けられるようになり、同時にＤＦＢも、それまで埋もれていた優秀な子供を見落とすようなことがほとんどなくなりました。

現在この拠点には1万人以上のタレントが集められているというのですから、最近ドイツで優秀な若手が育っているのも頷けます。

もちろん、単に全国に拠点を作ったからといって、優秀な子供が自然に集まり、育っていくものではありません。ＤＦＢは、３６６カ所の拠点を稼働させるために１０００人のコーチを雇い、それに加えて各エリアを統括する29人のコーディネーターと呼ばれる人材を用意したのです。そして、このコーディネーターこそが、この育成プログラムの重要な役割を担っているのです。

彼らの仕事は、自分が担当する地域における優秀なコーチをセレクトすることに始まり、そのコーチが誤ったトレーニングを行うことがないように管理することも任されています。ＤＦＢでは、各拠点のコーチがアクセスできる最新のトレーニング方法を具体的に紹介するデータベースも用意しているのですが、やはり現場で起こる問題点を吸い上げる必要もあります。コーディネーターとは、そういったＤＦＢと現場をつなぐための重要なパイプになっており、彼らの存在なくしてこのプログラムは成立しないと言えるでしょう。

重要な役割を担うコーディネーターの仕事

では実際に、ＤＦＢコーディネーターたちは日頃どんな仕事をしているのか。私は、それを取材すべく、９つの拠点を担当している中部ライン・サッカー連盟のコーディネーターに直接インタビューをしたことがあります。彼は中部ライン・サッカー連盟に属する地域の選抜チームと36人のコーチの統括をしているのですが、そのときに彼から聞いた話をここで紹介したいと思います。

――あなたが担当する拠点には何人くらいの子供がいるのですか？

「この中部ライン地域には約１３００のクラブが存在していて、私はこの１３００あるクラブの中から選りすぐりの選手たちを９つの拠点に振り分けています。ひとつの拠点にはU12、U13、U14、U15と４つのカテゴリーがあるので、ひとつの拠点に４チーム、計36チームを担当しているということになりますね」

――この育成プログラムで、選手たちに求められているのはどんな部分ですか？

「まず選手たちには、技術面での才能が求められます。同時に、プレーインテリジェンスを持ち合わせていることも重要です。そこを見ることによって、その選手が素晴らしい才能の持ち主なのかどうか、将来有望なのかどうかがわかりますからね。ですから、我々が行うトレーニングは、はっきり言ってボールを使う練習しかしないぐらいですよ」

――誰が選手たちの指導にあたっているのですか？

「実際の指導は各拠点のコーチが担当しているのですが、彼らは少なくともUEFAのBライセンスを取得していなければなりません。このライセンスは、ヨーロッパではユースを指導するにあたっての最上級のもので、つまり指導の質が保証されているコーチということになります。

現在私が担当しているエリアでは、各拠点で3人から4人のコーチがいますが、そのコーチを探すのも私の仕事なのです。コーチを探し出すのがコーディネーターで、優秀な選手を探すのがコーチたち。そういう役割分担になっています」

――有望な選手を発掘するというのは、簡単なことではないですよね？

「ええ。ですから、週末になるとコーチたちはユースのリーグ戦に通って優秀な選手を発掘することに努めています。そしてもし目に止まった選手がいれば、ここ（拠点）に連れてくるのです。コーチたちはこの分野について非常に経験豊富ですから、その部分は私も安心しています。

もちろん、たとえば11歳の時には有望な選手と見ていなかった選手がその後になって他の選手よりも成長していた、というようなこともあります。ですからこのプログラムでは、そういうことも想定して、何歳からでも参加できるような仕組みになっているのです」

この育成プログラムが実際にどのように稼働しているのか。そして、そのためにコーディネーターたちがどれほど重要な役割を担っているのか。彼の話を紹介したことで、より具体的にイメージできたかと思います。

ちなみに、ＤＦＢが統括する全国３６６の拠点で発掘された優秀な子供たちは、このヨーロッパ最高レベルの指導を無償で受けることができるそうです。週1回とはいえ、未来のドイツサッカーを担う金の卵たちにとっても、とてもメリットの多いプログラムと言えるのではないでしょうか。

プロクラブに義務付けられたアカデミースクール

そしてもうひとつ。３６６の拠点における直接指導とは別に、ＤＦＢはブンデスリーガの1部と2部の各プロクラブにトレーニングセンターや選手寮を持たせ、エリート選手のための教育を行うことも義務付けました。これにより、現在はアカデミーと呼ばれる組織と施設を持たないクラブには、ブンデスリーガのライセンスが認められなくなったのです。

しかも、こうしたアカデミーの施設については、ＤＦＢが委託する独立機関によって定期的に審査され、0から3つ星までの4段階評価が与えられます。星の数によって支給される補助金が変わってくるため、各クラブはできるだけ充実した施設を整えるように努力しています。

もちろん、このアカデミーはこれまで紹介したＤＦＢ直轄の拠点とは別組織です。とはいえ、2

つがまったく無関係であるかと言えばそうではありません。各クラブのアカデミーには、従来通り直接クラブのスカウトが発掘した選手もいれば、DFBが設けた拠点を経由してくる選手もいますから、そういう点では、DFBの拠点と各クラブのアカデミーは、この育成プログラムの2本柱と考えていいでしょう。どちらが欠けていても、この育成プログラムは成立しないのです。

アカデミーにおける選手の指導方法については、基本的に各クラブに任されています。アカデミーに集められたエリート選手たちはいずれトップチームでプロデビューすることを目標としていて、そのためクラブには最低3面の芝のグラウンドと、ライセンスを取得した指導者を抱えることが義務付けられています。

また、クラブは遠方に住む選手のための寮も完備していなければなりません。しかも寮生活をする選手たちの食事の面倒を見るだけでなく、学校教育についてもしっかりケアすることが義務とされているのです。その点については、現在1FCケルンで育成部門を統括しているエンゲルスが次のような説明をしてくれました。

「私たちは、DFBからサッカーのエリートスクールとしての評価を受け、認可されています。そして、サッカーと学校と人格形成という密接な関係にある3つの要素を念頭に置き、エリート選手たちを指導教育する方針を採っています。そのため、私たちはギムナジウム（中高一貫の8年生学校）、大学、専門学校、実業中学校などと提携しているのです。

たとえば、以前は週4、5回だったトレーニングを、週7、8回のトレーニングに増やしたいと考えたとき、どうしても選手たちが通う学校とのコミュニケーションと連携が必要になってきます。実際、私たちが学校側にそのようなリクエストをしたとき、学校側も私たちのリクエストを受け入れてくれました。それによって、選手たちは週に2日、午前中の授業2限分の時間をトレーニングに充て、トレーニングが終わったらまた学校に戻るということができるようになりました。

つまり、私たちクラブの人間と学校が連携をとることは、選手たちがプレーするうえでも教育を受けるうえでも、とても重要なことなのです」

確かに、これらの条件をすべて整えることはクラブにとって少しハードルが高いことかもしれませんが、最終的には自前の選手が育つことはクラブにとって大きなメリットとなるわけですから、各クラブはこのプログラムをポジティブに受け止めています。

しかも、2002年以降にアカデミーで指導を受け

1. FCケルンで育成部門を統括しているシュテファン・エンゲルス（右）

た選手の中にはエジルやケディラのような成功例もあるので、各クラブはお互いを競うようにしてこの育成プログラムを有効活用することに躍起になっているというのが現状なのです。

各クラブのアカデミーではどのような指導を行っているのか

では、実際にアカデミーではどのような指導を行っているのか。その中身についても、エンゲルスにインタビューしたときの話を紹介したいと思います。

「私たちは、このプログラムの下、U15からU23までの選手を70人抱えています。そして彼らエリート選手たちは、月曜と木曜に実施される8時と12時の2部トレーニングを含めると、1週間に計7、8回のトレーニングを行っています。トレーニングメニューは選手個々に合わせて作られていて、たとえばFWなら弱いほうの足を鍛えるメニューだったり、DFなら攻撃に出た際に必要なクロスボールのトレーニングなどを集中的に行ったり、とにかくそれぞれの選手に必要とされるメニューを組み、それを6、7名のコーチで指導しています。

また、今の時代においては、選手たちのパフォーマンス診断も無視できません。たとえばスピードがあまりない選手がいた場合、その選手にどうしたらスピードをつけさせることができるのかを考えます。そして、その選手に筋力をつければそれだけ速くなるという診断をして、そのためのメ

ニューを組むわけです。

こうしたパフォーマンス診断に使う基本的なデータは、私たちがしっかり精査してコントロールするようにしています。テストをするだけで終わってしまうのでは意味がありませんからね。コントロールがあってこそ、改善につながるのです。

もちろんこのようなことはケルンに限った話ではなく、ほとんどすべてのクラブがやっていることです。これによって、私たちドイツは再び世界の舞台で成果を上げられるようになったのだと、私は思います」

エンゲルスの話からもわかるように、クラブのアカデミーではＤＦＢの拠点よりもハイレベルな指導を受けられるようになっています。

そして、ケルンでは専門のスカウトたちが至るところで目を配り、８歳から10歳の優秀な子供を見つける努力もしているそうです。現在トップで活躍するルーカス・ポドルスキに代表されるように、クラブとしては、生え抜きの選手を育てることが生き残りのために重要になってきているからなのでしょう。

育成プログラムを進化させたマティアス・ザマー

以上が、ＤＦＢが２００２年からスタートさせたタレント育成プログラムの概要になりますが、２００６年、ＤＦＢのスポーツ・ディレクターにマティアス・ザマーが就任すると、さらにこのプログラムは進化を遂げることとなりました。

ご存知の通り、ザマーは90年代のドイツを代表する元選手で、ドイツがユーロ１９９６で優勝したときにはキャプテンを務めていました。その年はバロンドール（ヨーロッパ最優秀選手賞）も受賞するなど、誰もが認めるサッカー史に残るレジェンドのひとりです。ザマーが最も輝いていたその当時は、現在香川がプレーするボルシア・ドルトムントでプレーしていましたが、実はザマーの出身は旧東ドイツだったため、１９９０年に東西ドイツが統一される以前は東ドイツ代表としてプレーしたこともありました。

そして、膝の故障によって現役引退を余儀なくされたザマーは、そのまま２０００年からドルトムントの監督に就任すると、01－02シーズンには低迷していたチームを見事ブンデスリーガ優勝に導くと同時に、ドイツカップも獲得。沈みかけていた船を見事に修復することに成功しました。その後はシュトゥットガルトも率いるなど指導現場で経験を積み、２００６年から現在のポジションで育成プログラムの責任者を務めるようになりました。

そのザマーがＤＦＢの育成責任者として何をしたかと言うと、自身がかつて経験した旧東ドイツのエリート教育のノウハウを導入し、ＤＦＢの育成プログラムをさらにブラッシュアップさせたのです。

もともと旧東ドイツは、社会主義の時代からスポーツ選手の英才教育には定評がありました。あらゆる競技で優秀な若いタレントを徹底的に鍛え上げ、オリンピックの舞台で大きな成果を上げていたことは世界的にもよく知られています。

そしてそれは、サッカーの世界でも同じことが言えます。かつてアマチュア選手だけが出場していたオリンピックでは、旧東ドイツ代表は東京オリンピック（１９６４年）とミュンヘン・オリンピック（１９７２年）で銅メダルを、モスクワ・オリンピック（１９８０年）で銀メダルを、そしてモントリオール・オリンピック（１９７６年）では金メダルを獲得するなど、輝かしい成績を収めています。さすがにプロ選手が出場するユーロやワールドカップで目立った成績を残すことはできませんでしたが、それでも唯一本大会に出場した１９７４年ワールドカップ西ドイツ大会では、その西ドイツを相手に１－０で勝利して１次リーグを突破したこともありました。

ＤＦＢのスポーツ・ディレクターに就任し、育成プログラムの責任者として活躍するマティアス・ザマー

ドイツ統一後は、旧東ドイツのクラブとしてSGディナモ・ドレスデンやFCハンザ・ロストックといった旧東の名門クラブがブンデスリーガに参加しましたが、結局、その後は旧西側クラブとの経済格差により低迷。凋落ぶりは著しく、10－11シーズンの場合でもブンデスリーガ1部に所属するクラブはひとつも存在していません。

ただ、クラブとして結果を残せない中でも、旧東ドイツからは数々の名選手が育っています。その代表格がディナモ・ドレスデンで育ったザマー本人であり、その他にもトーマス・ドル、カルステン・ヤンカー、ウルフ・キルステンといった選手たちがこれまでドイツ代表でプレーしました。現役では、ミヒャエル・バラック、マルセル・シュメルツァー、レネー・アドラーといった選手も、旧東ドイツ出身の選手として活躍しています。

話が少し横道に逸れてしまいましたが、とにかく2006年にDFBスポーツ・ディレクターに就任したザマーは、自身が経験している旧東ドイツの英才教育の良い部分を育成プログラムにミックスして、より明確なフィロソフィーの下、全国の拠点とクラブのアカデミーでそれを徹底させたのです。

現代サッカーにおいて、たとえば守備的ミッドフィルダーにはどんな資質が必要とされているのかを明確にし、全国の指導者たちがどんなトレーニングを施せばいいのかといった具体的な指導要綱を示したのもザマーでした。また、全国の指導者たちがトレーニング方法で迷うことがないよう、DFBと各拠点やアカデミーをオンラインのデータベースでつないだことも画期的なことでした。

ザマーはすべての年代で４バックのゾーンディフェンスを採用するように徹底させ、プレスをかけるサッカーを実践するためには選手たちにどういう能力が必要とされるのかといった部分まで、明確に示したのです。そして、できる限り全国の拠点やクラブのアカデミーを回って、現場スタッフとコミュニケーションをとるべく精力的に動きました。私がケルンを訪ねたときも、クラブを訪れたザマーがスタッフと育成についてミーティングしているのを見かけたことがあります。

実際、旧東ドイツの英才教育を取り入れたザマーのスタイルは、これまで大きな成果を上げています。ザマーがスポーツ・ディレクターに就任してからの４年間で、若いタレントの台頭が急激に増えている事実は、その証明と言えるのではないでしょうか。

ＤＦＢが作ったプログラムを、ザマーが有効に運用した。今ではそう言われるほど、ザマーの仕事に対するドイツ国内の評価は高いものになっているのです。

日本サッカー界もドイツの育成プログラムを参考にすべき

私個人としては、このドイツの育成プログラムを目の当たりにして、また、ブンデスリーガで若いタレントが次々と台頭する現状を見るにつけ、これを日本のサッカー界に導入するべきだと感じています。

もちろん、世界を見渡せば他にも育成システムの成功例はあります。でも、サッカー界においてドイツと日本は歴史的なつながりが深いわけですから、そのまま真似る必要はないにしても、このプログラムを参考にて新しい日本サッカーの育成プログラムを作らない手はないと思うのです。しかも、世界的に見ても日本サッカー協会は裕福なわけですから、財政的にはそれができないはずがありません。

ドイツの例を見てわかるように、育成で大事なのは組織化することです。日本は国土がドイツより狭いですから、予算もドイツほどかかることはないでしょう。また、そのためにサッカー協会の予算をJリーグの各クラブに回してもいいと思います。底辺から組織化したプログラムを作れば間違いなくその成果は期待できますし、結局はそれが日本代表の強化に直結します。それに、タレントが育てばJリーグがもっと活性化することは間違いありません。

そのためには、同時に日本人指導者のレベルを上げることも必要になってくるでしょう。良い選手を育てるためには、どうしても良い指導者が必要になります。ドイツでは、週1回ながら全国の拠点の指導にあたるコーチを1000人用意しました。単に用意したのではなく、ライセンスを取得することも義務付けたわけです。そして、DFBが派遣するコーディネーターが直接コーチにノウハウを伝えることで、優秀なコーチの育成も同時に行うことができているのです。

育成のコーチは、チームが勝つかどうかではなく、何人の選手をプロチームに送り込むことができるかということが問われます。ですから、トップチームの監督を務めるのとはその目的と方法が異なってきます。よく言われることですが、現在日本サッカー界に不足しているのは、そういった育成年代の指導にあたるスペシャリストであることは間違いありません。

その問題を解消するためにも、日本がドイツから見習うべきことはたくさんあると思います。

ブンデスリーガがＥＵ以外の外国人枠を撤廃した背景

タレントの育成以外にも、現在のブンデスリーガを見ていて、日本がぜひ学ぶべきだと思うことはいくつかあります。

そのひとつが、第３章でも触れた外国人枠の撤廃です。もちろん、Ｊリーグの外国人枠をいきなり撤廃するというのは非現実的な話だと思います。ただ、ブンデスリーガが外国人枠を撤廃しているにもかかわらず、なぜ多くのドイツ人選手が活躍できているのかという背景とその工夫を参考にして、一考すべきだと思うのです。

ブンデスリーガが外国人枠を撤廃したのは、06－07シーズンからでした。かつては他の国と同じように、ブンデスリーガもＥＵ外の外国人選手の枠を３人としていました。しかし、ＥＵ加盟国が増加したり、南米出身の選手でＥＵパスポートを取得する選手が増えたり、あるいはドイツの国籍法が変わって市民権が取得しやすくなったりする中で、外国人枠を設けていても実質的には自国以外の選手が増える一方だったというのが実際のところでした。

そんな中、ブンデスリーガは外国人枠を5人に増やしたり、再び3人に戻したりと、試行錯誤を繰り返した末、ついに06－07シーズンから外国人枠を完全に撤廃しようという結論に至ったのです。

ただし、外国人枠を撤廃すると同時に、クラブにはドイツ国籍の国内ユース出身選手の登録も義務付けることにしました。その人数や条件は年々改定され、10－11シーズンでは各クラブ最低12人のドイツ国籍選手を登録し、そのうち8人は必ず地域出身選手（ローカル・プレーヤー）でなければならず、さらにその地域出身者のうち最低2人はクラブの下部組織出身の選手でなければならないという規定になっています。

そうした規定の変化の背景には、これまで説明した育成プログラムの成功が関係しているのかもしれません。各クラブが自前で優秀な選手を育てられなければ、いくら自国選手と下部組織出身選手の登録規定を設けなさいと言っても、それは単にリーグのレベルを低下させるだけで、リーグにとってプラスにはなりません。つまり、ドイツ国内の育成システムが確立されつつあったからこそ、ブンデスリーガも自信を持って外国人枠の撤廃とドイツ国籍選手の登録義務というダブルルールを実施できたのではないでしょうか。同時に、若い頃から国籍を問わない厳しい競争にさらされることで、自然とドイツの若い選手たちに競争力が備わるというメリットも生まれたと思います。

これは、おそらく世界でも例を見ないブンデスリーガ独自の外国人枠の規定だと思います。計画的に物事を進めてきたドイツ人ならではの素晴らしいアイデアと言えるのではないでしょうか。

ですから、日本ですぐに外国人枠を撤廃するのは無理にしても、私としては将来的に撤廃することを想定しながら、まずは日本人のタレントを育成するプログラムを整備するところから着手したらどうかと思うのです。またそうすることによって、トップレベルの日本人選手が海外に移籍しても国内の空洞化を防ぐことにもつながりますし、間違いなくＪリーグ全体が活性化するのではないかと思います。

ブンデスリーガの過去から学べることは多い

１９９３年に産声を上げたＪリーグは、その設立にあたってブンデスリーガを手本としたことは有名な話です。日本サッカー界とドイツサッカー界の縁が深いことは、これまで再三触れてきました。１９６０年に来日したクラマーが代表コーチに就任したことに始まったその関係は、半世紀を過ぎた今もまだ続いています。

ただ、Ｊリーグが始まってもうすぐ20年を迎えようとしている中で、私はもう一度ドイツサッカーとブンデスリーガが歩んできた道を再確認し、その上で良いものは積極的に取り入れるべきだと感じるのです。それは、ブンデスリーガが色々な面で優れている現在の状況だけを切り取って、手本とするべきだというわけではありません。

確かにブンデスリーガは、その設立当時からの規定によって、各クラブの経営は他の国と比べると安定した状態で歴史を重ねてきました。現在、観客動員数が世界ナンバーワンになったのは決して偶然ではなかったことは、ここまで紹介してきた通りです。ただ、いつの時代も順風満帆だったかといえば、実はそんなことはないのです。

たとえば、90年代後半から2000年代初頭までの数年間は、かつて経験したことがないような各クラブの経営状況の悪化が目立った時代でした。第2章ではテレビの有料放送の登場がブンデスリーガの人気に拍車をかけたと紹介しましたが、実はその経営悪化を招いた原因となったのも、そのテレビが引き金だったのです。

テレビ放送権料が上昇し続けた90年代後半、クラブは多額なその放送権料をあてにして年間予算を組むようになっていました。ところが、2002年ワールドカップの開幕を前にした5月、ブンデスリーガの放送権を持っていたドイツのキルヒメディア社が経営破綻してしまいました。それによって入る予定のお金が入らなくなってしまったブンデスリーガは、新たな会社と20%も少ない金額で放送権契約せざるを得なくなり、各クラブは相当な収入減を強いられることとなりました。

しかも、テレビ放送権料が上昇していたその時代には、リーグ戦のスケジュールもテレビ局の意向に沿ったものに組み替えられていました。その結果、試合開催日やキックオフ時間はファンが混乱してしまうほど不規則なものになっていたため、それまで増え続けていたはずの観客動員数にまで悪影響を及ぼすようになっていたのです。

ボルシア・ドルトムントにも経営危機はあった

おそらく、90年代後半からキルヒメディア社が破綻する前後の数年間は、ブンデスリーガが最も苦しかった時代だったと思います。実際、その時代はバイエルン・ミュンヘンでさえも予算の大幅削減を強いられましたし、シュトゥットガルトやハンブルガーＳＶといった人気クラブも赤字を抱えていました。

とりわけ、ボルシア・ドルトムントは株式を上場したことから経営方針を見誤ってしまい、莫大な負債を抱えて経営破綻の危機にさらされたことがありました。ただ、ブンデスリーガはドルトムントのケースは株式上場が大きな原因だったということで、特別措置としてライセンスのはく奪は見送られています。

他のクラブが素早い軌道修正で経営状況を回復していく中、ドルトムントは裸一貫で経営をやり直すことを強いられました。当時抱えていた主力選手、たとえばトルステン・フリングス、エヴェルトンらを売却して人件費を削減。他にも高額年俸のアモローゾがチームを離れ、ベテランのシュテファン・ロイターは引退の道を選びました。それ以外にもドルトムントは経費の大幅削減を実行したうえで、一度売却したスタジアムをもう一度買い戻すことも含めた経営再建計画を作成し、ようやく投資会社からの融資を受けて再出発することができたのです。

今振り返っても、02－03シーズンに２００億円を超える売り上げがあったにもかかわらず、チャンピオンズリーグの本戦出場を逃した翌シーズンには売上が半分以下に落ち込んでしまったドルトムントが、その後の数年間で赤字から脱してV字回復を果たしたことは奇跡的なことだったと思います。

つまり、ここで私が言いたいのは、良い時代を過ごしているブンデスリーガの現在だけを手本とするのではなく、厳しい時代に彼らが何をして回復したのかという部分も、Jリーグは見習うべきだということです。しかも、経営という側面についても、Jリーグはブンデスリーガの規定を見本として設立したわけですから、ブンデスリーガで過去に起こった色々な事例がきっと応用できるはずだと思うのです。

近年のJリーグを取り巻く状況はなかなか厳しいものがあると言われています。しかしそんな時代だからこそ、ブンデスリーガの過去から学べるものは多いのではないでしょうか。

今、世界で最も旬なリーグとなったブンデスリーガ

どの世界にも言えることかもしれませんが、物事は一度歯車が噛み合えばすべてが良い方向に転がっていくものです。現在のブンデスリーガは、その長い歴史の中でも、まさにそういった状況にあるのではないでしょうか。

とはいえ、繰り返しになりますが、ブンデスリーガがただ指をくわえて良い時代を待ち続けていたわけではありません。

インフラの整備、スタジアム周辺の治安回復、イメージアップによる広告収入増とグッズ売り上げの増加、またそれによるテレビ放送権料の上昇。そして、サッカーで最も重要とされる競技レベルのアップと、それを支えるタレントの台頭。さらには優秀な指導者の存在。

そのどれかがひとつでも欠けていたら、ブンデスリーガはここまでの成功を得られなかったのではないでしょうか。目先の問題点だけを解決するのではなく、同時に先を見据えたビジョンを明確にしてきたからこそ、厳しい冬の時代も乗り越えることができたのだと思います。

リーグ全体が潤うことでクラブも潤い、それによって近年はバイエルンのリベリーやロッベンだけでなく、シャルケにラウールのような世界の一流選手も加わるようになりました。もちろん、イングランド、スペイン、イタリアといった３大リーグほどの華やかさはまだありませんが、しかしスタジアムの雰囲気は、イングランドのそれと肩を並べる熱狂度になっていると思います。

現状を見る限り、まだまだブンデスリーガの勢いは止みそうにありません。そこに今、８人の日本人選手がプレーしているわけですから、これはもう見逃さない手はないと思います。そして、今、世界で最も繁栄しているブンデスリーガの魅力は、これからもっと輝きを増していくと思います。

（文中敬称略）

Nachwort

おわりに

１９７３年、当時三菱重工の監督を務めていた二宮さんの紹介でドイツに渡ってから、もう35年以上が経ちました。その間、これまで日本とドイツを幾度となく往復してきましたが、ドイツサッカーも時代とともに大きく変化しました。

本文中でも触れましたが、70年代はベッケンバウアーを筆頭に多くのスター選手が揃い、とにかくドイツサッカーが輝いていた時代でした。私自身、そんな良い時代に名門ボルシア・メンヘングラートバッハに帯同することができ、しかも現地で暮らしている中で自国開催のワールドカップを目の当たりにしたことは、何事にも変えがたい素晴らしい経験となりました。

そして現在、２０００年をピークとする暗黒時代を経て、ドイツサッカー界は再び希望に満ち溢れた時代が到来しています。その象徴が、世界ナンバーワンの観客動員を誇るようになったブンデスリーガの大盛況ぶりだと思います。

その一方で、ドイツ以上に大きく変化したのが、日本サッカー界だと実感しています。日本サッカーの父と言われるデットマール・クラマーさんが撒いてくれた種は、半世紀を過ぎた今、見事なまでに綺麗な花を咲かせています。長谷部、香川、内田、矢野、相馬、そして新たにドイツに旅立った岡崎、槙野、細貝……。今、世界で最も熱く盛り上がっているブンデスリーガで計8人もの日本人選手がプレーしていることは、日本サッカーの誇りと言っていいと思います。正直、私自身まったく想像もしていなかった素晴らしい時代がやって来たわけです。

彼らの活躍によって、少しでもブンデスリーガ、ひいてはドイツサッカーにスポットライトが当たってくれれば幸いです。また、この本によって、その魅力が少しでも多くのサッカーファンに伝わることを願っています。

日本サッカー界にとって、半世紀に渡って築いたドイツとの関係はとても貴重な財産です。そしてその良い関係は、きっとこれからも続いていくのだと思います。

２０１１年2月　鈴木良平

■巻末データ

ブンデスリーガ歴代優勝クラブ&監督

1963-64	1．ＦＣケルン（ゲオルク・クネプフレ監督）
1964-65	ヴェルダー・ブレーメン（ウィリー・ムルトハウプ監督）
1965-66	ＴＳＶ 1860 ミュンヘン（マックス・メルケル監督）
1966-67	アイントラハト・ブラウンシュバイク（ヘルムート・ヨハンセン監督）
1967-68	1．ＦＣニュールンベルク（メルケル監督）
1968-69	バイエルン・ミュンヘン（ブランコ・ツェベッチ監督）
1969-70	ボルシア・メンヘングラートバッハ（ヘネス・ヴァイスヴァイラー監督）
1970-71	ボルシア・メンヘングラートバッハ（ヘネス・ヴァイスヴァイラー監督）
1971-72	バイエルン・ミュンヘン（ウド・ラテック監督）
1972-73	バイエルン・ミュンヘン（ウド・ラテック監督）
1973-74	バイエルン・ミュンヘン（ウド・ラテック監督）
1974-75	ボルシア・メンヘングラートバッハ（ヘネス・ヴァイスヴァイラー監督）
1975-76	ボルシア・メンヘングラートバッハ（ヘネス・ヴァイスヴァイラー監督）
1976-77	ボルシア・メンヘングラートバッハ（ヘネス・ヴァイスヴァイラー監督）
1977-78	1．ＦＣケルン（ヘネス・ヴァイスヴァイラー監督）
1978-79	ハンブルガーＳＶ（ブランコ・ツェベッチ監督）
1979-80	バイエルン・ミュンヘン（パール・ツェルナイ監督）
1980-81	バイエルン・ミュンヘン（パール・ツェルナイ監督）
1981-82	ハンブルガーＳＶ（エルンスト・ハッペル監督）
1982-83	ハンブルガーＳＶ（エルンスト・ハッペル監督）
1983-84	ＶｆＢシュトゥットガルト（ヘルムート・ベントハウス監督）
1984-85	バイエルン・ミュンヘン（ウド・ラテック監督）
1985-86	バイエルン・ミュンヘン（ウド・ラテック監督）
1986-87	バイエルン・ミュンヘン（ウド・ラテック監督）
1987-88	ヴェルダー・ブレーメン（オットー・レーハーゲル監督）
1988-89	バイエルン・ミュンヘン（ユップ・ハインケス監督）
1989-90	バイエルン・ミュンヘン（ユップ・ハインケス監督）
1990-91	1．ＦＣカイザースラウテルン（カール・ハインツ・フェルトカンプ監督）
1991-92	ＶｆＢシュトゥットガルト（クリストフ・ダウム監督）
1992-93	ヴェルダー・ブレーメン（オットー・レーハーゲル監督）
1993-94	バイエルン・ミュンヘン（フランツ・ベッケンバウアー監督）
1994-95	ボルシア・ドルトムント（オットマー・ヒッツフェルト監督）
1995-96	ボルシア・ドルトムント（オットマー・ヒッツフェルト監督）
1996-97	バイエルン・ミュンヘン（ジョバンニ・トラパットーニ監督）
1997-98	1．ＦＣカイザースラウテルン（オットー・レーハーゲル監督）
1998-99	バイエルン・ミュンヘン（オットマー・ヒッツフェルト監督）
1999-00	バイエルン・ミュンヘン（オットマー・ヒッツフェルト監督）
2000-01	バイエルン・ミュンヘン（オットマー・ヒッツフェルト監督）
2001-02	ボルシア・ドルトムント（マティアス・ザマー監督）
2002-03	バイエルン・ミュンヘン（オットマー・ヒッツフェルト監督）
2003-04	ヴェルダー・ブレーメン（トーマス・シャーフ監督）
2004-05	バイエルン・ミュンヘン（フェリックス・マガト監督）
2005-06	バイエルン・ミュンヘン（フェリックス・マガト監督）
2006-07	ＶｆＢシュトゥットガルト（アルミン・フェー監督）
2007-08	バイエルン・ミュンヘン（オットマー・ヒッツフェルト監督）
2008-09	ＶｆＬヴォルフスブルク（フェリックス・マガト監督）
2009-10	バイエルン・ミュンヘン（ルイス・ファン・ハール監督）

ドイツサッカー選手権時代の歴代優勝クラブ

1902-03　VfB ライプツィヒ
1903-04　VfB ライプツィヒ（不戦勝勝利）
1904-05　1.FC ウニオン・ベルリン
1905-06　VfB ライプツィヒ
1906-07　フライブルガー
1907-08　ヴィクトリア 89・ベルリン
1908-09　カールスルーエ FC フェニックス
1909-10　カールスルーエ FV
1910-11　ヴィクトリア 89・ベルリン
1911-12　ホルシュタイン・キール
1912-13　VfB ライプツィヒ
1913-14　グロイター・フュルト
1914~19　第一次世界大戦により中断
1919-20　1.FC ニュルンベルク
1920-21　1.FC ニュルンベルク
1921-22　ケルン・マイスター
1922-23　ハンブルガー SV
1923-24　1.FC ニュルンベルク
1924-25　1.FC ニュルンベルク
1925-26　グロイター・フュルト
1926-27　1.FC ニュルンベルク
1927-28　ハンブルガー SV
1928-29　グロイター・フュルト
1929-30　ヘルタＢＳＣベルリン
1930-31　ヘルタＢＳＣベルリン
1931-32　バイエルン・ミュンヘン
1932-33　フォルトゥナ・デュッセルドルフ
1933-34　シャルケ 04
1934-35　シャルケ 04
1935-36　1.FC ニュルンベルク
1936-37　シャルケ 04
1937-38　ハノーファー 96
1938-39　シャルケ 04
1939-40　シャルケ 04
1940-41　SK ラピード・ウィーン
1941-42　シャルケ 04
1942-43　ドレスデナー FC
1943-44　ドレスデナー FC
1944~47　第二次世界大戦の影響により中断
1947-48　1.FC ニュルンベルク
1948-49　マンハイム
1949-50　VfB シュトゥットガルト
1950-51　1.FC カイザースラウテルン
1951-52　VfB シュトゥットガルト
1952-53　1.FC カイザースラウテルン
1953-54　ハノーファー 96
1954-55　ロートヴァイス・エッセン
1955-56　ボルシア・ドルトムント
1956-57　ボルシア・ドルトムント
1957-58　シャルケ 04
1958-59　アイントラハト・フランクフルト
1959-60　ハンブルガー SV
1960-61　1.FC ニュルンベルク
1961-62　1.FC ケルン
1962-63　ボルシア・ドルトムント

ブンデスリーガ歴代年間最優秀選手

1960	ウーヴェ・ゼーラー（ハンブルガー SV）
1961	マックス・モーロック（1.FC ニュルンベルク）
1962	カールハインツ・シュネリンガー（1.FC ケルン）
1963	ハンス・シェーファー（1.FC ケルン）
1964	ウーヴェ・ゼーラー（ハンブルガー SV）
1965	ハンス・チルコフスキ（ボルシア・ドルトムント）
1966	フランツ・ベッケンバウアー（バイエルン・ミュンヘン）
1967	ゲルト・ミュラー（バイエルン・ミュンヘン）
1968	フランツ・ベッケンバウアー（バイエルン・ミュンヘン）
1969	ゲルト・ミュラー（バイエルン・ミュンヘン）
1970	ウーヴェ・ゼーラー（ハンブルガー SV）
1971	ベルティ・フォクツ（ボルシア・メンヘングラートバッハ）
1972	ギュンター・ネッツァー（ボルシア・メンヘングラートバッハ）
1973	ギュンター・ネッツァー（ボルシア・メンヘングラートバッハ）
1974	フランツ・ベッケンバウアー（バイエルン・ミュンヘン）
1975	ゼップ・マイヤー（バイエルン・ミュンヘン）
1976	フランツ・ベッケンバウアー（バイエルン・ミュンヘン）
1977	ゼップ・マイヤー（バイエルン・ミュンヘン）
1978	ゼップ・マイヤー（バイエルン・ミュンヘン）
1979	ベルティ・フォクツ（ボルシア・メンヘングラートバッハ）
1980	カールハインツ・ルンメニゲ（バイエルン・ミュンヘン）
1981	パウル・ブライトナー（バイエルン・ミュンヘン）
1982	カールハインツ・フェルスター（VfB シュトゥットガルト）
1983	ルディ・フェラー（ヴェルダー・ブレーメン）
1984	ハラルト・シューマッハー（1.FC ケルン）
1985	ハンス＝ペーター・ブリーゲル（エラス・ヴェローナ）
1986	トニー・シューマッハー（1.FC ケルン）
1987	ウーヴェ・ラーン（ボルシア・メンヘングラートバッハ）
1988	ユルゲン・クリンスマン（VfB シュトゥットガルト）
1989	トーマス・ヘスラー（1.FC ケルン）
1990	ローター・マテウス（インテル・ミラノ）
1991	シュテファン・クンツ（1.FC カイザースラウテルン）
1992	トーマス・ヘスラー（AS ローマ）
1993	アンドレアス・ケプケ（1.FC ニュルンベルク）
1994	ユルゲン・クリンスマン（AS モナコ）
1995	マティアス・ザマー（ボルシア・ドルトムント）
1996	マティアス・ザマー（ボルシア・ドルトムント）
1997	ユルゲン・コーラー（ボルシア・ドルトムント）
1998	オリヴァー・ビアホフ（ウディネーゼ）
1999	ローター・マテウス（バイエルン・ミュンヘン）
2000	オリヴァー・カーン（バイエルン・ミュンヘン）
2001	オリヴァー・カーン（バイエルン・ミュンヘン）
2002	ミヒャエル・バラック（バイエル・レバークーゼン）
2003	ミヒャエル・バラック（バイエル・レバークーゼン）
2004	アイウトン（ヴェルダー・ブレーメン）
2005	ミヒャエル・バラック（バイエルン・ミュンヘン）
2006	ミロスラフ・クローゼ（ヴェルダー・ブレーメン）
2007	マリオ・ゴメス（VfB シュトゥットガルト）
2008	フランク・リベリー（バイエルン・ミュンヘン）
2009	グラフィッチ（VfL ヴォルフスブルク）
2010	アリエン・ロッベン（バイエルン・ミュンヘン）

ブンデスリーガ歴代得点王

1963-64　ウーヴェ・ゼーラー（ハンブルガー SV）
1964-65　ルディ・ブルーネンマイアー（ＴＳＶ 1860 ミュンヘン）
1965-66　ローター・エメリッヒ（ボルシア・ドルトムント）
1966-67　ローター・エメリッヒ（ボルシア・ドルトムント）/ ゲルト・ミュラー（バイエルン・ミュンヘン）
1967-68　ヨハネス・レール（1.FC ケルン）
1968-69　ゲルト・ミュラー（バイエルン・ミュンヘン）
1969-70　ゲルト・ミュラー（バイエルン・ミュンヘン）
1970-71　ローター・コブルーン（ロートヴァイス・オーバーハウゼン）
1971-72　ゲルト・ミュラー（バイエルン・ミュンヘン）
1972-73　ゲルト・ミュラー（バイエルン・ミュンヘン）
1973-74　ユップ・ハインケス（ボルシア・メンヘングラートバッハ）/ ゲルト・ミュラー（バイエルン・ミュンヘン）
1974-75　ユップ・ハインケス（ボルシア・メンヘングラートバッハ）
1975-76　クラウス・フィッシャー（シャルケ 04）
1976-77　ディーター・ミュラー（1.FC ケルン）
1977-78　ディーター・ミュラー（1.FC ケルン）/ ゲルト・ミュラー（バイエルン・ミュンヘン）
1978-79　トーマス・アロフス（フォルトゥナ・デュッセルドルフ）
1979-80　カールハインツ・ルンメニゲ（バイエルン・ミュンヘン）
1980-81　カールハインツ・ルンメニゲ（バイエルン・ミュンヘン）
1981-82　ホルスト・ルベッシュ（ハンブルガー SV）
1982-83　ルディ・フェラー（ヴェルダー・ブレーメン）
1983-84　カールハインツ・ルンメニゲ（バイエルン・ミュンヘン）
1984-85　トーマス・アロフス（1.FC ケルン）
1985-86　シュテファン・クンツ（VfL ボーフム）
1986-87　ウーベ・ラーン（ボルシア・メンヘングラートバッハ）
1987-88　ユルゲン・クリンスマン（VfB シュトットガルト）
1988-89　トーマス・アロフス（1.FC ケルン）/ ローラント・ボールファルト（バイエルン・ミュンヘン）
1989-90　ヨルン・アンデルセン（アイントラハト・フランクフルト）
1990-91　ローラント・ヴォールファルト（バイエルン・ミュンヘン）
1991-92　フリッツ・ヴァルター（VfB シュトットガルト）
1992-93　ウルフ・キルステン（バイヤー・レバークーゼン）/ アンソニー・イエボア（アイントラハト・フランクフルト）
1993-94　シュテファン・クンツ（1.FC カイザースラウテルン）/ アンソニー・イエボア（アイントラハト・フランクフルト）
1994-95　マリオ・バスラー（ヴェルダー・ブレーメン）/ ハイコ・ヘアリッヒ（ボルシア・メンヘングラートバッハ）
1995-96　フレディ・ボビッチ（VfB シュトットガルト）
1996-97　ウルフ・キルステン（バイヤー・レバークーゼン）
1997-98　ウルフ・キルステン（バイヤー・レバークーゼン）
1998-99　ミヒャエル・プレーツ（ヘルタＢＳＣベルリン）
1999-00　マルティン・マックス（ＴＳＶ 1860 ミュンヘン）
2000-01　セルゲイ・バルバレス（ハンブルガー SV）/ エッベ・サンド（シャルケ 04）
2001-02　アモローゾ（ボルシア・ドルトムント）/ マルティン・マックス（ＴＳＶ 1860 ミュンヘン）
2002-03　エウベル（バイエルン・ミュンヘン）/ トーマス・クリスチャンセン（VfL ボーフム）
2003-04　アイウトン（ヴェルダー・ブレーメン）
2004-05　マレク・ミンタール（1.FC ニュルンベルク）
2005-06　ミロスラフ・クローゼ（ヴェルダー・ブレーメン）
2006-07　テオファニス・ゲカス（VfL ボーフム）
2007-08　ルカ・トーニ（バイエルン・ミュンヘン）
2008-09　グラフィッチ（VfL ヴォルフスブルク）
2009-10　ジェコ（VfL ヴォルフスブルク）

装　丁　渡川光二
編　集　中林良輔
制　作　シーロック出版社
写　真　GettyImages
協　力　WORLD SOCCER NEWS「Foot!」
(J SPORTS)

世界一観客の集まるサッカーリーグ
ブンデスリーガ事情通読本

鈴木良平／著

2011年3月14日　初版第1刷発行
発行人　保川敏克
発行所　東邦出版株式会社
〒151-0051　東京都渋谷区千駄ヶ谷2-33-8
TEL 03-5474-2505
FAX 03-5474-2507
http://www.toho-pub.com
印刷・製本　株式会社ショセキ